明朝人物传奇

杨玉琴 —— 编著

团结出版社

© 团结出版社，2024 年

图书在版编目（CIP）数据

　　明朝传奇人物 / 杨玉琴编著 . -- 北京：团结出版社，2024.10
　　ISBN 978-7-5234-0386-0

　　Ⅰ. ①明… Ⅱ. ①杨… Ⅲ. ①历史人物 - 列传 - 中国 - 明代 Ⅳ. ① K820.48

　　中国国家版本馆 CIP 数据核字 (2023) 第 167032 号

责任编辑：周　颐
封面设计：紫英轩文化

出　　版：团结出版社
　　　　　（北京市东城区东皇城根南街 84 号 邮编：100006）
电　　话：（010）65228880　65244790
网　　址：http://www.tjpress.com
E-mail：zb65244790@vip.163.com
经　　销：全国新华书店
印　　装：天津泰宇印务有限公司

开　本：170mm×240mm　16 开
印　张：12　　　　　　　　字　数：200 千字
版　次：2024 年 10 月　第 1 版　　印　次：2024 年 10 月　第 1 次印刷

书　号：978-7-5234-0386-0
定　价：39.80 元
　　　　（版权所属，盗版必究）

目录

霸气外露的皇帝

从小兵到帝王的朱元璋 / 001

篡位的好皇帝朱棣 / 004

"太平天子"朱瞻基 / 008

俘虏皇帝朱祁镇 / 012

创建中兴盛世的明孝宗 / 016

荒淫无道的明武宗 / 019

垂拱而治的明穆宗 / 022

悲愤自尽的崇祯帝 / 026

倾国倾城的后妃

帮夫旺夫的马皇后 / 030

有乃父之风的徐皇后 / 032

女中尧舜张皇后 / 035

机警端庄的孙皇后 / 037

一片痴心的钱皇后 / 039

阴险狠毒的万贵妃 / 040

子立母死的纪氏 / 045

因为孙子而尊贵的邵妃 / 048

被万历皇帝宠坏的郑贵妃 / 049

左右历史的权臣

大明开国军师刘基 / 054

明朝开国功臣李善长 / 059

镇守云南的开国功臣沐英 / 061

忠心耿耿的一代儒臣刘健 / 063

擅长谋划边防的四朝元老杨荣 / 065

最后的宰相胡惟庸 / 068

被诛十族的方孝孺 / 071

靖难之役的策划人姚广孝 / 073

两袖清风的忠臣于谦 / 075

专擅媚上的奸佞权臣严嵩 / 078

宦海沉浮的首辅夏言 / 081

有技难施的首辅叶向高 / 085

多灾多难的杨士奇 / 089

善于察言观色的张居正 / 092

青天大老爷海瑞 / 096

纵横沙场的武将

威名远震的英国公张辅 / 101

胆略过人的河间王张玉 / 103

文武双全的岐阳王李文忠 / 105

开国大将中山王徐达 / 107

力战克敌的开平王常遇春 / 109

战功赫赫的宁河王邓愈 / 113

戎马一生的名将俞大猷 / 115

"戚家军"的创建者戚继光 / 119

半世功名终成空的袁崇焕 / 122

虎踞辽东三十年的总兵李成梁 / 124

收复台湾的民族英雄郑成功 / 127

为国捐躯的史可法 / 130

撼动朝野的宦官

七下西洋的宦官郑和 / 134

大明第一个专权太监王振 / 136

"八虎"之一张永 / 139

极尽谄媚的"九千岁"魏忠贤 / 141

小心谨慎而得以善终的田义 / 145

善于耍手段的冯保 / 148

名动九州的奇人

"全能大儒"王阳明 / 152

《本草纲目》的作者李时珍 / 155

名师大家徐光启 / 157

梦想的旅行家徐霞客 / 160

《天工开物》的编著者宋应星 / 162

"世界航天第一人"万户 / 164

《永乐大典》的总编之一解缙 / 166

江南第一才子唐伯虎 / 170

文武兼备的施耐庵 / 173

"章回小说的鼻祖"罗贯中 / 175

创作传奇故事的吴承恩 / 177

"东方莎士比亚"汤显祖 / 179

哲学大家王夫之 / 181

文学大家归有光 / 184

霸气外露的皇帝

从小兵到帝王的朱元璋

人物名片

朱元璋（1328—1398），原名朱重八，后取名朱兴宗。明王朝的缔造者。25岁的时候，加入郭子兴领导的红巾军反抗蒙元暴虐的统治。龙凤七年（1361），朱元璋受封为吴国公，龙凤十年（1364）改称为吴王。至正二十八年（1368），在将各路农民起义军与元朝的残余势力基本清除之后，于南京称帝，国号"明"，年号"洪武"。后人将朱元璋统治时期称为"洪武之治"。朱元璋死后被葬于明孝陵。

人物风云

众所周知，大凡皇帝出世，后来的史书上总会有一些奇异现象的记载。不是刮大风、下暴雨、冒香气，就是天上星星异常闪耀、到处放红光等等。反正就是告诉你这个人的出生与众不同。大明开国皇帝朱元璋自然也不例外。据说，他出生的时候满地红光，房屋上异光闪耀，以至于邻居们都以为他们家失火了，赶紧跑来相救。

然而，朱元璋的出生并没有让老父亲朱五四笑逐颜开，而是徒增了一丝忧虑。这是为什么呢？原来他们家已经有了三个儿子、两个女儿，而家庭唯一的经济来源，只是老父亲给地主家种地所得的那少得可怜的收入。

元朝的普通百姓，大多不认识几个字，给孩子起名也经常是拿常用的数字来取。于是，朱家老父就给他起了一个很好记的名字——朱重八。由于家境贫寒，朱元璋很小的时候就开始给地主家放牛，想要读书识字，无异于"白日做梦"。朱元璋童年最大的欢乐就是与一帮小伙伴放牛、玩耍。据说，他们还曾经一起将地主家的小牛犊宰杀之后分吃了，虽然最终换了一顿打，但日子还算"逍遥快活"。

然而，少年的欢乐对他来说是非常短暂的，在他年仅16岁的时候，朱元璋就饱尝了人生最为惨痛的经历。这一年，除了一个到别处当上门女婿的哥哥，以及远嫁出去的姐姐，他的亲人们一个接一个地离开了人世。时代的不幸、家庭的变故，使这个懵懂的少年猛然成熟。

安葬完朱家几位逝者之后，孤苦无依的朱元璋到皇觉寺当了一名小沙弥，兼任清洁工、仓库保管员以及添油工。由于旱灾频繁，这座小庙也不景气。入寺不到两个月，住持便遣散众僧，让其外出化斋，自谋生路。才敲了木鱼没几天的朱元璋，不得不披起一件袈裟，独自游走四方，当起了游方僧人。在外面游荡了三年之后，朱元璋觉得外面动荡不安，再这么流浪下去，恐怕小命都难保了。于是，他又回到了皇觉寺。

一晃几年又过去了，天下越发地纷乱，他的心也一样纷乱，尤其是当他的老朋友汤和给他寄了一封信，劝他别在破庙里憋屈地待着了，还是参加到起义军队伍中，也好让自己在乱世中有个可靠的立命之所。于是，他一咬牙就加入了起义军，并改名"朱元璋"。其实，他这个名字很有意思，"朱"正好是"诛"的同音词，"元"则可以暗指元朝，而"璋"是一种武器，三个字合起来，就可以理解为诛灭元朝。

自从25岁加入郭子兴领导的红巾军之后，朱元璋跟随郭子兴南征北战，立下了不少战功。郭子兴非常器重他，还将养女马氏嫁给了他，这便是历史上著名的"马大脚"马皇后。郭子兴死后，朱元璋独揽兵权，最后统帅郭部，成为雄据一方的豪雄。

接着，他积极积攒实力，以便伺机而动。在各大战役中，朱元璋战功连连，地位也跟着不断上升。至正二十四年（1364），他在鏖战中灭了陈友谅后，自立为吴王，建立百官，剩下的便是一步步实现他创建大明帝国的宏图伟业了。

至正二十七年（1367），吴王朱元璋在彻底打垮张士诚之后，于十月份，任命中书右丞相徐达作为征虏大将军、平章常遇春为副将军，率领25万大军，北进中原。在北伐的过程中，他还发布告北方官民的文告，提出"驱逐胡虏，恢复中华，立纲陈纪，救济斯民"的纲领，以此来感召北方人民起来反元。就这样，朱元璋顺应时代发展的潮流，凭借其雄才大略、远见卓识，对北伐作出了精心的部署：先取山东，摧毁了元朝的屏障；接着进兵河南，切断了元朝的羽翼，夺取潼关，占据它的门槛；然后再向大都进军，由于这个时候，元朝势孤援绝，自然也不战而取之；最后再派兵西进，很自然地就可以将山西、陕北、关中、甘肃席卷囊中。

在朱元璋英明的领导下，各个英雄豪杰互相配合协助，北伐计划顺利实施。大将军徐达率兵先攻下了山东，接着，向西挺进，拿下了汴梁，然后又挥师潼关。朱元璋到汴梁坐镇指挥。

至正二十八年（1368），朱元璋在南京称帝，国号"明"，年号"洪武"。七月，各路大军沿运河直达天津，二十七日占领通州。元顺帝妥欢贴睦尔带领他的嫔妃子女及大臣逃出大都，经居庸关逃奔上都。八月，明军攻入大都，蒙古被迫向北迁移。

至此，蒙古在中原的统治结束，朱元璋终于将长城以内地区的统治权握入手中。

当了皇帝的朱元璋，自然就得考虑如何巩固政权。于是，他开始大力整顿官吏，加强中央集权，将军政实权牢牢地掌握在自己的手中。官制稳定之后，他又开始考虑如何笼络人才，选拔称职的官员。为此，他大力改革科举制度，为大明帝国源源不断地征集了大量后备官吏，奠定了明朝绵延几百年的根基。

朱元璋看到过元朝由于吏治腐败，导致民不聊生、哀鸿遍野，最终灭亡的教训。为了让官吏系统更好地为百姓服务，让帝国更加稳固，朱元璋对于贪官污吏，坚决地使用严刑峻法，见一个抓一个，绝不姑息养奸。最有名的案子要数"空印案"与郭桓案了。虽然说这样的高压政策，的确是狠了点，但是，其效果还是相当明显的，明初的吏治，大体上还是清明的。

为了巩固明朝的统治，让朱氏子孙代代坐稳江山，朱元璋可谓是费尽心思，机关算尽。随着地位权力的加大，朱元璋内心的无助与猜忌等灰暗面展现了出来。杀功臣，就是其缩影之一。事实上，功臣未必就会威胁到他的地位，但是，他却不放心，对于那些稍有"不顺从"的大臣就严厉打击。

日久天长，晚年的朱元璋精力衰竭，除了杀臣子外，最担心的是他的身后事。自己一手提拔起来的那班老臣们，是与自己一起浴血奋战，并肩走过来的。他们对自己的命令，自然是唯马首是瞻，但是一旦自己死后，自己那年幼的儿孙还能制服他们、稳坐龙椅吗？因此，当71岁的朱元璋离开人世时，也许想的不是他一生的征战与辉煌，而是对朱氏子孙的放心不下。

篡位的好皇帝朱棣

人物名片

明成祖朱棣（1360—1424），出生于江苏南京，太祖朱元璋的四皇子，明朝第三任皇帝。朱元璋登基坐殿之后，封朱棣为"燕王"，令其驻守北疆重镇北京。朱棣曾多次率军参加北征，因此，朱棣在军中有着很高的威望。太祖死后，建文帝朱允炆登基。燕王朱棣以"靖难"的名义率军挺进国都南京，建文帝下落不明。朱棣自立皇帝，年号"永乐"。明成祖在位期间，多次出兵打击北边的元朝残余统治，进一步巩固了明朝的统治并扩大了版图。另外他重视经济发展，迁都北京，也标志着明朝的政治经济中心转移到了北方。这个时期明朝发展到了顶峰，因此后人将他在位的时期称作"永乐盛世"。

人物风云

生在帝王之家，本是一件无比幸运的事。但朱棣出生的时候，恰逢朱元璋艰辛创业的时候，因此，他的童年生活并非人们想象的那么幸福。而关于朱棣的生母的问题，一直以来，众说纷纭，成为一个历史上的疑案。

在我国封建社会，皇子有嫡庶之分。一般皇位继承人只会在嫡系子弟中挑选，而庶子由于地位相对卑贱，并没有角逐皇位的资格。有一种说法认为，朱棣的生母有可能只是朱元璋的一位偏妃，还有一种说法是朱元璋打进元大都的时候，看见元顺帝的皇后弘吉剌氏长得貌美如花，就将弘吉剌氏纳为自己的妃子。而当时弘吉剌氏早已身怀有孕，后来生下一子，就是明成祖朱棣。这种说法的依据是建文帝削藩的时候拿周王第一个开刀，周王是兄弟中和朱棣走得最近的，拿他开刀，等于削去了燕王的羽翼。而这位周王的生母就是弘吉剌氏。

朱棣当上皇帝之后，自知自己的皇位继承问题会遭到众人的非议。所以，他千方百计想办法来证明自己身份的正统性。他自称是马皇后所生，身上流的是纯正的朱家血脉。并且朱棣当政期间，多次对《太祖实录》进行修改，将对自己不利的言论屏蔽了。

朱棣在南京出生那会，正是自己的父亲和陈友谅激战正酣的时候，所以朱元璋连自己的儿子也没有顾得上看一眼。朱棣7岁那年，老爸登基做了皇上，闲下来的皇上这才想起自己的儿子连个学名都还没有。于是赐名朱棣，一直是黑户的朱棣7岁的时候才真正有了个名字。俗话说虎父无犬子，朱元璋一世英雄，自然对自己的子女们也是管教甚严。从小生活在宫里的朱棣，每天都要参加各种朝祭活动，习文练武这些都是他每天的必修课。不仅如此，父亲朱元璋还会经常抽查他的课程，对他进行言传身教，正是在父亲这种近乎苛刻的管教下，朱棣养成了一种坚韧的性格。

说起朱棣是如何夺取皇位的，就不得不先提一下他的父亲朱元璋。明太祖朱元璋和汉高祖刘邦其实在很多方面都有着惊人的相似之处。刘邦在夺取天下之后，起初将自己的儿子们和功臣们都封了王。后来造成了地方牵制中央，不受中央调度的后果。之后实行削藩，试图罢黜那些位高权重的藩王。最后藩王们联合起来，以"清君侧"的名义起兵造反。朱元璋建国之后，同样是将自己的儿子们分封到各大地区做了诸侯王，并且赋予他们掌管地方所有经济、政治生杀大权的权力。他没想到，他活着的时候，这些诸侯王们的确是不敢放肆，但是一旦他死了，这种失策的政治体系，造成了国家的动乱。

起初朱元璋封自己的长子朱标为皇太子，作为日后自己的继承人。而像朱棣这些小兄弟们都被派到各自的封地去。谁知白发人送黑发人，朱标从小身体就不太好，在视察陕西回来后，因风寒病逝。看着自己付出心血培养起来的太子这么早就走了，朱元璋伤心欲绝，所以他将对儿子的爱转移到了自己的孙子，也就是朱标的长子朱允炆身上。本来老大死了，按照长幼顺序，皇位应该留给自己下面的儿子。但朱元璋封朱允炆为皇长孙，是自己指明的皇位继承人。这种废长立幼的做法，自然引来了其他儿子们的不满。朱棣虽然喜怒不形于色，但心里对此也是颇有微词。

洪武三十一年（1398），朱元璋驾崩，朱允炆顺理成章登上了九五至尊之位，这就是建文帝。而这时候的大环境是他的二叔、三叔已死，现在权力最大的就是身在北京的四叔朱棣。朱棣由于常年治军，所以其军事威望和实力都是朱允炆最大的威胁。朱允炆采取了方孝孺等谋臣的建议，大力实行削藩，希望削弱朱棣等人的权力。看着自己的侄子削藩都削到自己的头上了，朱棣当然不干了。朱棣在北京起兵，告令天下，以"靖难"的名义向当时的首都南京挺近。"靖难"，顾名思义就是说皇帝身边有奸臣谗言，朱棣要替皇帝铲除这些小人。

朱允炆得知消息后，积极派军队在途中阻拦。但说实话，朱允炆哪里是身经百战的朱棣的对手。不论是军事才能，还是政治手段，两个人都不是一个级别的。不久，朱棣的大军就攻下了南京。方孝孺等主张削藩的大臣被杀，建文帝下落不明。关于建文帝的下落有三种说法：一说他当时万念俱灰，在自己的宫殿里自焚而死，后来朱棣看着已被烧得面目全非的人骨，还假惺惺地哀苦连天。第二种说法是朱允炆当时在随从的保护下逃出了皇宫，从此隐姓埋名，直至终老。还有一种说法是从皇宫里逃出来后，朱允炆乘船跑到了其他的国家。但不管其最后结局如何，作为历史人物的建文帝在这一刻的确已经死去，朱棣取而代之，成为这个国家新的一把手。

虽然朱棣是通过军事政变夺取的皇位，但他确实是一位为国为民、呕心沥血的好皇帝。他对国家进行了多方面的改革和加强，为明朝日后的长治久安打下了一个坚固的基础。

朱棣即位之后，首先做的第一件事就是将都城由南京迁到了北京。北京本就是朱棣的大本营，他在那里经营多年，无论是政治环境，还是人员构成，都是了如指掌的。另外不得不考虑的是，中国人从古至今都是很相信迷信的，朱棣在南京逼迫建文帝下了台，虽然大事已成，但南京这个地方对他本人来说，心里总是有所忌讳的。因此，他想远离这个是非之地。朱棣的迁都北京，将明朝的政治经济核心转移到了北方，为我国北方日后的发展创造了机会。

自从朱棣废除丞相一职之后，国家许许多多的公事都需要皇上亲自处理，每天都需要处理一大批的公文，为此，朱棣忙得不可开交。为了解决这种困境，朱棣设置了内阁大学士一职，并且经过认真考察，挑选出了解缙、胡广、杨士奇等七位才能出众的青年官员，史称"内阁七学士"，这些官员各尽其能，为朱棣的太平盛世都立下了不朽的功绩。虽然设立内阁，看似权力分散，但国家重要事务，朱棣还是要亲自处理，大学士只是起到辅助作用。同时，这种多人组成的方式，能够起到互相牵制的作用，有效地防止了权力过剩的现象。

关于建文帝的下落，有人说建文帝最后逃到了国外，这一直是朱棣的一块心病。为了打听建文帝的下落，更重要的是为了向他国展示明朝实力，朱棣耗费巨资，先后差遣郑和七次下西洋，有力地促进了明朝与各国的文化、经济交流，大大促进了中国文化的传播。

元朝虽然被推翻了，但其残余势力仍盘踞在长城以北活动，对明朝的统治是个不小的威胁。朱棣作为马上皇帝，自然不会让这种威胁一直存在下去。在朱棣统治期间，他耗费大量钱粮，先后五次亲征蒙古，大大地打击了元朝残余势力，扩展了明朝版图。最后第五次亲征时，由于积劳成疾，朱棣病死在了行军途中。

朱棣积极参加北征，据说这其中还有一个缘故，那就牵扯到了赫赫有名的传国玉玺。这传国玉玺本是当年秦始皇所有，被视为皇帝最尊贵的象征。历代君王都以拥有传国玉玺为至高无上的象征。为此几千年来，为了这块石头，许多英雄是争得头破血流。传国玉玺历经汉、晋、隋、唐、宋几大朝代的传承，到了元朝末期，下落不明。传言说当年辽国国君最后得到玉玺，献给了元朝，本来就是靠着篡位而来的朱棣希望能够抢回传国玉玺，为自己的皇位正身。

"太平天子"朱瞻基

▶ 人物名片

明宣宗朱瞻基（1399—1435），明仁宗长子，明成祖朱棣的长孙，明朝第五代皇帝。朱瞻基是朱棣最为疼爱的孙子，并且朱棣每次率军出征，都会将他带在身边。永乐九年（1411），朱棣将朱瞻基立为皇长孙，朱瞻基就是朱棣指定的隔代接班人。洪熙元年（1425），朱瞻基即位，改元"宣德"，他在位的10年，施行仁政，整治吏治，是明朝最为安定繁荣的时期。病逝于乾清宫，后葬于明十三陵之景陵。

▶ 人物风云

不同于明朝前几任皇帝，朱瞻基的身份可以说是根正苗红。其父朱高炽乃是太祖朱元璋亲封的燕王世子。建文元年（1399），朱瞻基出生在北京燕王府。据史书记载，朱瞻基出生的那天晚上，当时还是燕王的朱棣还做了一个梦：他梦见已经死去的老爸朱元璋来到他的房间，将一个大圭赐给了他，这大圭上还刻着八个大字："传之子孙，永世其昌。"在我国封建社会，大圭乃是权力的至高象征，如梦初醒的朱棣被吓了一身的冷汗。当他正在琢磨这个梦境的时候，下人传来喜讯，说世子妃张氏生了一个儿子，朱棣马上将梦中意境所指和这个孩子联系在了一起。他马上跑过去看孙子，发现这个小家伙长得非常像自己，眉宇间透着一股英气。从此他对这个孙子是无比疼爱。据说这件事对朱棣发动"靖难"之变起着很大的作用。但这或许是朱棣自己想做皇帝，日有所思，夜有所梦，所以才会做出这样的梦。但不管怎么说，朱瞻基的出生刚好迎合了朱棣的这种心理需求，因此注定了他的皇帝之路。

随着朱瞻基一天天地长大，朱棣对这个小孙子更是关爱有加。他亲自为朱瞻基挑选著名文臣作老师。并且，朱棣曾经对他挑选的老师直言不讳地暗示道：皇孙乃是可造之才，富贵不可言，要好好教导他。不仅如此，朱棣也注重对孙子的言传身教。因为朱棣酷爱领军打仗，所以每次出征，朱棣都会将小孙子带在自己的身边，希望以此锻炼他的勇气。后来朱瞻基也经常带兵出征，很大程度上就是受到他爷爷的影响。

朱瞻基的父亲朱高炽之所以能被立为太子，很大程度上是沾了儿子朱瞻基的光。朱高炽虽说是太祖亲封的燕王世子。但朱高炽从小就是一个性格软弱的人，平时只爱读书撰文，练武带兵都不是他之所长。这与他的父亲有着极大的反差。众所周知，朱棣是一位马上皇帝，一生就好统兵征战四方，所以起初朱棣并不打算将朱高炽作为自己的接班人。他更倾向于将自己的皇位传给自己的次子朱高煦。这朱高煦简直就是和朱棣一个模子里刻出来的一样。从小好斗，在军事上也颇有成祖之风。"靖难"之变时，朱高煦曾作为大军先锋，多次救朱棣于危难之中。为此朱棣曾经许诺过他："你大哥从小多病，将来皇位必定是你的。"听了父亲这话，朱高煦就像是打了鸡血一样，在朱棣夺位整个过程中，立下了赫赫战功。

但是天不遂人愿，坐上皇帝宝座之后，朱棣出于多方面的考虑，还是将朱高炽立为太子。一方面我国古代是非常讲究长幼有序的，他自己的宝座就是因为反对父亲废长立幼的做法，造反得来的，他不希望这样的事情再次发生。另一方面，朱高炽虽然软弱，但其心宽厚，儒雅作风在文臣中也颇受推崇。相反，次子朱高煦为人好勇斗狠，这种性格打仗可以，但当皇帝恐怕不太合适。另外，朱棣对孙子朱瞻基的格外青睐也是一个不可忽略的重要原因，他希望将来朱瞻基能接皇帝的班。

永乐二十二年（1424），明成祖朱棣驾崩，身为太子的朱高炽即位，改元"洪熙"，这就是明仁宗。熬了这么多年，好不容易当上皇帝的朱高炽正准备施展自己一身才干的时候，却因病重去世，在位竟不到一年，龙椅还没捂热，就这样交给了儿子朱瞻基。而当时朱瞻基人在南京，突然听闻父皇驾崩的消息，马上启程赶赴京城。这时候有官员阻拦他说：汉王朱高煦准备在半路上刺王杀驾，然后再取而代之。听闻此言，朱瞻基冷笑道："我乃成祖钦定皇长孙，当今太子，谁若敢违抗祖训，我必灭之。"因此不听其劝，轻身赶往京城。再说说这朱高煦吧，虽然早有造反之心，但他却没有这个头脑。他料定自己的侄子肯定不敢贸然启程，因此朱高煦并没有及时在半路设伏，最终错失了登上九五至尊之位的最好机会。

回到北京，朱瞻基一方面妥善料理好了父亲的丧事，一方面加固了京城的城防工作，防止有人伺机作乱。不久，凭借着自己的大智大勇，朱瞻基从容登基，改国号为"宣德"，是为明宣宗皇帝。

等一切安定下来之后，摆在朱瞻基面前最大的问题就是削藩问题，这些拥兵自重的藩王们就是一只只趴在自己身边的猛虎，随时都有可能向自己扑过来。如果处理不当，朱瞻基就有可能是第二个"建文帝"。因此朱瞻基马上着手整治军务，准备迎接削藩的挑战。果然，削藩的消息一传过来，朱高煦恼怒得血灌瞳仁。本来他就想趁哥哥暴毙的机会夺位，不料想比自己抢先一步的小侄子竟然打起了自己的主意。一不做二不休，干脆来个鱼死网破。朱高煦效仿当年的成祖，以"清君侧"的名义起兵直逼宣宗。宣宗闻讯，毫不畏惧，以天子的名义昭告天下，要起兵亲征汉王这个叛乱分子。这次朱高煦还是棋差一着，朝廷大军在宣宗亲征的鼓舞下，势如破竹，不久就将朱高煦围困在乐安城。而那些当初约定与朱高煦共同起事的藩王们，被朝廷大军的声势震慑，纷纷见死不救。眼看大势已去，朱高煦只好出城投降，最后被宣宗赐死。朱高煦凭着自己的勇猛，自认为是成祖第二，可惜宣宗并没有"建文帝"那般软弱无能。这大虫一除，宣宗犹如秋风扫落叶般将那些小鱼小虾们处理得一干二净，就这样，削藩这个困扰太祖、成祖、仁宗三代皇帝的历史遗留问题，在宣宗雷霆万钧之势下得到了根本的解决。

在我国古代，越南这一带地区被称为安南地区，由于安南远离政治中心，加之这里大多是少数民族的聚集地，因此自古以来中央政府对这里都疏于管理。秦朝时期，秦始皇遣大将赵佗率军曾征服此地，设立了象郡。后来不管是汉代，还是唐代，中央政府都在此地区设立过行政机关。但是由于该地区的文化、民族构成等都十分复杂，所以在历史上，安南发生过多次叛乱独立的事件，与中原是分分合合。

到了明朝，明成祖曾耗巨资多次在安南用兵，并将安南设立为明朝的一个省。但民族叛乱这样的事情还是时有发生，这成为明朝统治的一个不安定因素。后来明宣宗即位，经过与大臣的商议，安南地区远离中央，即使将其拿下，既耗费钱粮，日后还是会反复生变。不如让安南自成一国，但安南必须承认明朝是其宗主国，需要向明朝年年进贡、岁岁称臣。起初安南王黎利并不情愿做明朝的附属国，明宣宗采取了先军事再谈判的策略。宣德二年（1427），明朝军队击败了黎利，斩首万余。黎利的威风终于被大明打压了回去。同年，黎利向明朝进献贡物，表示愿意臣服明朝，做其附属国。明宣宗未准。后来黎利又先后三次进贡，明宣宗看其是真心臣服，于宣德三年（1428），册封黎利为安南国王。从此直到明朝覆灭，安南都再未与明朝发生过大的战事。虽然名义上安南成了独立的国家，但实际上明朝不仅没有放弃对安南的实际掌控权，而且还为国家节省了大量的军费开支。

攘外事宜完毕，就看宣宗如何安内。明宣宗是一个比较了解百姓疾苦的皇帝。有一次他在臣子的陪同下到田间游玩，忽然看见田中有一农夫正在耕作，从小没有干过农活的宣宗由于好奇，取来耕具亲自当了一回农夫。还没犁两下，宣宗就感到两臂酸痛。他回头对臣子们说："朕只是推了两三下，就觉得不胜劳累，何况那些农民终年劳作。"说完就命人赏赐了这位农民钱财。

宣宗是明朝少有的爱惜子民的明君，他所指定的薄税政策，大大地减轻了百姓们的压力。另外在灾年的时候，他对于赈灾情况是事无巨细，并且经常提醒自己的下属：人灾有时候胜过天灾。如果赈灾的官员在下面胡作非为，百姓将会更加疾苦。为此，宣宗制定了一条法规："凡是私自动用皇粮的，一律杀无赦。"正是在这样严格的法规的约束下，宣宗时期的官员大都比较廉政。

明朝江山传到明宣宗这一代，已经建国了半个世纪。稳定的政治环境，加之完善的政策和法规，使明朝发展到了最顶峰。而明宣宗统治的时期与明仁宗统治的时期，历史上称为"仁宣之治"。

俘虏皇帝朱祁镇

人物名片

明英宗朱祁镇（1427—1464），宣宗皇帝的嫡长子，明朝第六位皇帝。宣宗驾崩后，只有9岁的朱祁镇即位，年号"正统"。明神宗期间，任用杨士奇、杨荣、杨溥等前朝遗老，继续推行仁宣两代的基本国策，社会经济还算是有所发展。但他宠信宦官王振，导致王振广结党羽，为日后宦官祸乱明朝朝政埋下了伏笔。正统十四年（1449），明朝遭到瓦剌侵犯，明英宗在王振的蛊惑下，亲率大军冒进，不幸在土木堡被俘。消息传到京城，监国朱祁钰被大臣拥立为新君，是为代宗。景泰元年（1450），英宗被释，返回北京之后，被尊为太上皇，长期受到软禁。景泰八年（1457），代宗病危，英宗复辟，改年号"天顺"。天顺八年（1464），明英宗逝世于乾清宫，享年38岁，葬于裕陵。

人物风云

关于朱祁镇的出生，有一个富有传奇色彩的故事。当年宣宗在位时，他的正宫是胡皇后，胡皇后为人贤良温淑，因此深得张太后的喜欢。但是宣宗对他这位夫人很不感冒，而是宠幸孙贵妃。为了让孙贵妃当上皇后，宣宗曾经多次与自己的母亲张太后争吵。但是出于对胡皇后的喜欢，张太后总是力保。时间一天天地过去，看着自己的皇后梦还是遥遥无期，孙贵妃不免开始怀恨这位胡皇后。

胡皇后虽然人是不错，但是唯一的遗憾就是没有为宣宗生下儿子。为此，胡皇后常常自责。而孙贵妃虽然也没有生下儿子，但是她看得出儿子是她制胜的唯一法宝。于是她在宫中暗暗调查被宣宗临幸并怀有了身孕的宫女，后来，她将一名怀孕的宫女偷偷藏在密室中，让她断绝与外界的来往。然后奸诈的孙贵妃又买通了御医，对外宣称自己已怀有龙种。说怀孕容易，可是天长日久，不就被人看出破绽来了吗？别急，这孙贵妃有办法。随着生产日期的临近，她会一点一点地往自己的衣服底下塞东西，装出一副大肚子的样子。宣宗由于日理万机，哪有时间天天跟着她啊。就这样一直瞒到了临产这一天。那位宫女在密室中生下一个儿子，这就是朱祁镇。孙贵妃一方面令下人把孩子抱去给宣宗看，另一方面马上命人将这位宫女秘密处死，以除后患。宣宗看见自己有了血脉，高兴得鼻涕泡都出来了，马不停蹄地赶来关心自己的爱妃。进屋一看，见孙贵妃正在床上躺着，满脸是汗，一副虚弱的样子。从此，宣宗对孙贵妃更是疼爱有加。俗话说"母以子贵"，四个月后，宣宗就废了原来的胡皇后，立孙贵妃为新国母。朱祁镇也被封为太子。

自打朱元璋建国之后，曾经立过一条规矩：女人禁止参与朝政。在中国历史上，多次出现过由于女人参与朝政，导致大量外戚掌权、败坏朝政的现象。朱元璋正是为了防止明朝也出现这种弊端，才立下这样的规矩。但是到了英宗这，朱祁镇即位时只有九岁，军国大事自己还不能独自处理。因此，当时的辅政大臣们纷纷上奏请求当时已经是太皇太后的张太后出来垂帘听政，代理朝政。张太后为了不败坏祖宗的规矩，拒绝了大臣的建议。但她提出了三点：第一，缩减皇室生活开支，减轻百姓的负担。第二，加强对少年天子朱祁镇的教育，希望他早日成熟起来，担负起皇帝的重任。第三，军国大事依靠前朝权臣处理，待到天子成年，再移交权力。

正统元年（1436）的一天，朝廷召集大臣们开会，张太后在一旁听政。待人员到齐之后，张太后拉着小皇帝的手，指着下面的英国公张辅，大学士杨士奇、杨溥、杨荣，礼部尚书胡濙，对小皇帝教诲道："这五位乃是你父皇在世时最倚重的老臣，当初你父亲对他们的建议是无不听从，以后有什么军国大事，若没有这五位的赞成，切切不可施行。"朱祁镇应声受命。这五位辅政大臣中，张辅是一介武夫，对于朝政的制定并不是专家。胡濙虽然深受宣宗信任，但见识肤浅。实际上真正处理国家政务的是杨士奇、杨溥、杨荣这三位大学士。

在"三杨"的治理下，正统年间依然沿袭着"宽仁为政"的政策，注重民生的发展，轻徭薄役，因此正统初期，国家还是比较繁荣的。而这时候的朱祁镇主要的任务是接受教育，听取老人们的教诲。但是时间一长，朱祁镇就对这些产生了反感。相反，大太监王振总是想尽各种方法逗小皇上开心，从此深受小皇帝的信赖。这为朱祁镇日后宠信宦官埋下了伏笔。

虽然在众多大臣的辅佐下，明朝天下还算是比较太平。但随着张太后和"三杨"这些老人们地逐渐老去，去世的去世，退休的退休。朱祁镇开始显露出他叛逆的一面。他首先是大兴土木，劳民伤财，完全违背了明朝"勤俭持家"的作风。另外就是宠信王振，对其是言听计从，王振借此在朝廷里大肆安插党羽，之后又宠信石亨、曹吉祥等人，造成严重祸乱，从此明朝开始走了下坡路。

当时，处于漠北的元朝残余势力分为瓦剌和鞑靼两部。到了英宗时期，瓦剌逐渐强盛了起来。当时瓦剌的实权掌握在太师也先手上。正统年间，也先派使者以进贡的名义骗取明朝的奖赏。而当时势大滔天的王振由于与也先分赃不均，拒绝打赏瓦剌使者。不久，瓦剌以此为名侵犯明朝。听闻此讯，年轻气盛的朱祁镇准备像他的祖宗那样御驾亲征，遭到了大臣们的反对。这时候的王振为了青史留名，极力赞成英宗亲征。就这样英宗率临时编凑的50万大军，浩浩荡荡前往大同。

两军对峙，也先用诈败之计，诱敌深入。英宗见敌军败退，杀敌心切，拼命追杀，最后败得一塌糊涂。眼看大事不妙，王振又力劝英宗撤兵，英宗从之。但大军在撤军途中，王振为了炫耀自己，又提议绕道自己的老家蔚州撤退，英宗还是从之。眼看要走到蔚州的时候，王振又怕大军踩踏家乡的庄稼，乡人辱骂，又改主意劝大军还是按原路撤退，英宗还是从之。就这样三番五次地变更行军路线，错失了撤军的最好时机。大军行至土木堡时，瓦剌大军追赶到，将英宗团团围住，不久城破，英宗被俘。王振被明军将领所杀，这就是历史上著名的"土木堡之变"。从此，英宗开始了长达一年多的牢狱生活。

消息传到北京，朝廷上下大为震动。但国不可一日无君，于是孙太后和朝臣于谦等人拥立英宗之弟朱祁钰为帝，改元"景泰"，这就是明代宗。

捉了明英宗，瓦剌本打算利用这个棋子对付明朝。但眼看着明朝又换了新的皇帝，英宗这个棋子犹如丧家之犬，毫无利用价值。俗话说"瘦死的骆驼比马大"，明朝毕竟地大物博，土木堡一战并未伤及明朝元气，相反瓦剌虽然得胜，但毕竟地狭人稀，这一战消耗不小。一年后，瓦剌将英宗送回北京，准备议和。当时代宗已经坐稳了皇位，所以不想迎回英宗，但大臣们说："英宗毕竟是咱们的人啊，要是不管他，传扬出去多丢面子啊"。代宗这才不甘心地将自己的哥哥迎回了北京。英宗到了北京，代宗见了哥哥又是痛哭流涕，又是嘘寒问暖，不停地安慰哥哥。晚上代宗宴请群臣，为英宗摆酒洗尘。这一夜，大殿之内是一派喜庆之气。英宗终于回到了家，又看见自己的弟弟如此关心自己，心情甭提多好了。可是宴席一结束，等到大臣们一退，代宗面沉似水，下令将英宗软禁在南宫。一天时间就经历了人间的大喜大悲，那是何等的残酷。英宗虽然逃离了瓦剌人的牢狱，却又跳进了自己人的圈套。

在被软禁的日子里，英宗遭受了非人的对待。吃的是糟糠粗面，穿的是破衣烂衫。代宗为了隔绝英宗与外界的联系，将南宫的大门砌死，只在旁边开了一个小洞，仅能向里面递食物。就这样还不够，代宗还把南宫所有的大树伐去。英宗就在这种鬼都看不见的地方，度过了自己的7年软禁生活。

英宗本以为自己这一辈子就这样交代了。谁能料到时来运转。景泰八年（1457）正月，代宗病重，眼看就要不行了，但是皇储问题并没有定下来。众大臣决定在第二天上奏进谏，请求代宗早日确立储君。谁知当天晚上皇宫就发生了历史性的事件，武清侯石亨、徐有贞、大太监曹吉祥准备兵变，希望重新立英宗为帝，自己好飞黄腾达。偏偏凑巧的是，这时候北方刚好传来瓦剌犯境的消息，石亨借"保护京城"的名义调来了大批禁卫军准备兵变。在石亨等人的率领下，禁卫军直奔南宫，砸开宫门将英宗迎出。说明来意之后，大军又直闯正宫。守卫的士兵本打算阻拦，但英宗表明了自己的身份，小兵们想："他们家的事太乱，多一事不如少一事。"于是，英宗就顺利进入大殿。第二天大臣们上朝，往龙椅上一看，上面坐的不是代宗，而是7年前的英宗。这时候，大太监曹吉祥大声喊了一句："皇上复辟了。"而此时的代宗正在内室梳洗，听闻此消息，当时就瘫软在地，说了句："完了，一切都完了！"

至此，英宗重新登基，改元"天顺"，封赏石亨、曹吉祥等拥立有功之臣，同时将于谦等拥立代宗的大臣处死。就这样一代明臣于谦死于非命。一朝天子一朝臣。为了自己的利益，对皇帝来说，没有什么不能舍弃的。在这个时候，个人的利益要远远高于家族利益、国家利益,只是可怜了那些忠臣良将。天顺八年(1464)正月,朱祁镇病逝于文华殿,享年38岁。朱祁镇就这样走完了他复杂的人生之路。

创建中兴盛世的明孝宗

> 人物名片

明孝宗朱祐樘(1470—1505),明宪宗朱见深的第三个儿子,是明朝历史上第九位皇帝。成化十一年,也就是1475年被立为太子,成化二十三年(1487)九月,明宪宗朱见深病死后继位,改元"弘治",故后世又称他为弘治皇帝。朱祐樘一生在位18年,在位期间,政治比较清明,百姓安居乐业,与其父朱见深执政的成化时期相比,有了比较大的改观,因此被称为弘治中兴。

> 人物风云

朱祐樘勤政爱民,大赦天下,百姓安居乐业,不愧是中兴的明主,无论是才还是德都不亚于明太祖和明成祖。

朱祐樘出生之时,正是万贵妃非常得皇上宠幸的时候。为了使自己的儿子有一个安全的成长环境,朱祐樘的母亲甘愿在冷宫中受苦。当朱祐樘当上皇帝以后,他改革时弊,招揽民心,曾使明朝经济一度上升,被后世誉为"弘治中兴",而且他的一生之中只册封了一位皇后,嫔妃甚少,这在中国封建社会的帝王史上可谓是极其罕见的。

朱祐樘的母亲纪氏是广西纪姓土司之女,成化三年(1467),纪姓土司想自立为王,不过难敌朝廷大军攻袭,他的女儿被带到皇宫,宫里给她派了个看护皇家典籍的差事。宪宗朱见深偶见纪氏,便深深喜欢上了她,并临幸了纪氏。当时,万贵妃深受宠幸,仗着自己的几分容颜为所欲为。为了登上皇后宝座,便命心腹太监给已怀身孕的纪氏吃堕胎药,由于宪宗无子,太监张敏不忍心这样做，偷偷把堕胎的药量减少了一些，这个孩子得以出生面世。在好心的宫女和太监们精心照料下，皇子朱祐樘平安诞生，吴皇后也一起照顾哺养，慢慢地，朱祐樘就长到了五岁。

成化十一年（1475），太监张敏在无意中对宪宗说出了这个事情。宪宗本来深感无嗣的忧愁，闻知此事后欣喜万分，立刻将朱祐樘接到身边。同年，朱祐樘被封为太子，纪氏被封为淑妃，移居西内。然而仅过了四十七天，纪妃就被万贵妃给暗害了。宪宗没有彻查此事，只是将其厚葬，并谥纪妃为"恭恪庄僖淑妃"。不久，太监张敏吞金自尽。朱见深的生母周太后害怕朱祐樘会遭到万贵妃的毒害，在仁寿宫抱养了孙子，小太子的生命得以保全。此后，万贵妃老谋深算，让朱见深去临幸后宫嫔妃，渐渐地皇子也多了起来。于是，万氏就撺掇朱见深改立太子。朱见深禁不住她的旁敲侧击，正要改换太子时，泰山忽然发生了倒塌，钦天监禀报说此兆是东宫的不祥预兆，朱见深认为是因为自己废太子激怒了上天，易储之事遂搁置下来，朱祐樘的太子地位得以保全。

朱见深也对朱祐樘的言行举止进行严格要求。九岁时，朱祐樘便"出阁讲学"，被教育得甚是严格，教他的老师是当时名噪一时的大学士如彭华、刘健、程敏政等人。从九岁出阁讲学到十八岁即位，朱祐樘九年间一直在学习。

弘治元年（1488）二月，御马监左少监郭镛请预选淑女，为孝宗选妃做准备。而孝宗号称以孝治天下，已经许下为宪宗皇帝守孝三年的诺言："三年不鸣钟鼓，不受朝贺，朔望宫中素服。"因此，当时的左春坊左庶子兼翰林院侍读谢迁也上言说，宪宗的陵墓工程还在继续，皇帝居丧住的草庐还未变旧，选妃一事暂且搁置。谢迁这么一说，选淑女备嫔妃的事情就不了了之。因为孝宗幼年时，母亲受万贵妃迫害的事给他留下了阴影，他对于嫔妃之间的争宠甚是反感。因此，在他一生之中，只娶妻孝康敬皇后张氏一人。

由于宪宗对佛道深信不疑，许多佞幸小人浑水摸鱼进入朝中。李孜省凭方术而深得皇帝的青睐，有了大权后又和太监梁芳成为一丘之貉，勾结朝臣蝇营狗苟。孝宗朱祐樘即位之后，将这两人罢官，使文武百官拍手叫好。接着，他开始对吏治进行改革，对以万安为首的"纸糊三阁老""泥塑六尚书"进行处理。又重新起用王恕、怀恩、马文升等在成化朝因为直言被贬的骨鲠大臣以及徐溥、刘健、谢迁、李东阳等贤臣。同时，改革律制，对盐法重新征求意见，废除弊政，当时也因此而国富民安。

弘治五年（1492），苏松河道淤塞，百姓苦不堪言。孝宗命工部侍郎徐贯亲自上任整顿，苏松水患在其精心治理下得到缓解，苏松再度成为百姓安居乐业的地方。

孝宗牢记前人之鉴，远离宦官小人，把心思放在政治上。他早朝每天必到，而且又增添了午朝，这样皇帝就可以聆听更多的进谏，处理政务。同时，他还开设了经筵侍讲，在朝臣之间营造学习治国之道的氛围。他还开辟了文华殿议政，利用早朝与午朝之余的时间与内阁商讨国家大事。付出总会有回报，孝宗的勤政使得吏治清明，国家的政治、经济、农业、生产各方面都有了显著地提高，这段时期被史家称为"弘治中兴"。

弘治八年（1495），由于年幼时的一些痛苦经历使得孝宗身体备受煎熬，他希望在佛那里得到解脱。与前一次一样，一些奸佞小人、无能之辈再次进入朝廷，再次祸国殃民，皇帝身边的红人李广就是其中之一。此后，孝宗"视朝渐晏"。

弘治十年（1497）二月，徐溥等人向皇帝上奏进谏，请求皇帝为了苍天百姓罢黜李广。三月，孝宗在文华殿召见了内阁大学士徐溥、刘健、李东阳、谢迁，商讨国家大事，但此后，皇帝却鲜有面见朝臣的行为了。

弘治十一年（1498），李广劝孝宗在万岁山修建毓秀亭，幼公主在亭子刚修好时突然夭折，不久，清宁宫又离异地出现了火灾。太皇太后生气地说："今日李广，明日李广，果然祸及矣。"这时，李广迫于言论引咎自杀。孝宗认为李广家中藏有天书，派人抄其家底，不料却翻出了李广贪污受贿的证据，孝宗这才恍然大悟。此后，他开始反思自己的所作所为，勤于政务，亲贤人、远小人，重用刘大夏、戴珊等贤臣。

弘治十六年（1503），张皇后的两位弟弟张延龄、张鹤龄晋封为建昌侯。这兄弟俩凭着外戚的身份横行霸道，气焰嚣张，纵容家人欺行霸市，祸害百姓。大臣们向孝宗弹劾此二人，要求严惩张氏兄弟无法无天的作为。孝宗虽派人核实了此事，但却碍于皇后的原因而作罢，结果造成了弘治朝外戚张延龄、张鹤龄专权的弥天大祸。

弘治十八年（1505）五月七日，孝宗在乾清宫与世长辞，年仅三十六岁。他将皇太子朱厚照托付给刘健、李东阳、谢迁等人，并语重心长地对大臣说："太子天资聪颖，但是年龄甚小，又爱玩耍，诸卿要多费心力，使他成为一代明君，朕死而无憾了。"他给太子朱厚照的嘱咐则是"任用贤臣"。孝宗死后，葬于昌平泰陵。

荒淫无道的明武宗

人物名片

朱厚照（1491—1521），孝宗朱祐樘的嫡长子，明朝历史上的第十位皇帝。朱厚照十四岁就继位了，年号"正德"。在位初期，顾命大臣因为他宠信太监刘瑾而相继辞职。后来，他又宠信喜好声色、狂放不羁的佞臣江彬等人，自称威武大将军朱寿，甚至建豹房（"豹房"本是贵族豢养虎豹猛兽以供玩乐的地方，还有虎房、象房、鹰房等，房又称为坊，如羊坊、象坊、虎坊等）以享乐。因此，朝政被荒废了。全国各地都发生了起义事件，宗室相继反叛。因此，人们说他是荒淫暴戾的无道昏君。

人物风云

朱厚照的生母张氏出生于平民之家，其父张峦是一个秀才，后通过乡贡进入国子监。张氏在成化二十三年（1487）二月与当时的皇太子朱祐樘成婚，九月被正式立为皇后，她是孝宗朱祐樘唯一的后妃。张氏婚后四年才生育皇子，孝宗非常欣喜，五个月后就将皇子册封为皇太子。

弘治十一年（1498），皇太子朱厚照开始接受系统的儒学教育。他的天资聪颖，刻苦学习，得到人们的普遍赞誉。朱厚照毕竟是个孩子，生性好动，特别贪恋骑射。又因为朱祐樘一心想把他培养成像朱棣一样文武双全的圣君，颇为纵容他对骑射游戏的热衷。由于宦官刘瑾等人为得到皇太子的宠信，经常带着太子练习骑射，放鹰逐犬，让皇太子远离侍读儒臣，导致太子的学业荒废。

弘治十八年（1505）五月，年仅14岁的朱厚照在孝宗朱祐樘突然病逝后继位，改年号"正德"。早就清楚太子缺点的孝宗朱祐樘，非常担心他玩物丧志。因此，在他弥留之际，特意召大学士刘健、谢迁、李东阳至乾清宫委以托孤重任，叮嘱道："东官聪明，只因年幼，玩逸乐，先生辈常劝之读书，辅为贤主。"但少年天子朱厚照即位不久，就忍不住了，他并没有朝孝宗朱祐樘预期的方向发展，而是滥用权力、为所欲为。朱厚照为了尽情地玩乐，受到"八虎"（指皇帝身边的八个太监，包括刘瑾、马永成、高凤等人，其中以刘瑾为首）的蛊惑，废除了尚寝官和在文书房侍从皇帝的内官，以此扩大自己行动的自由。他更是以各种借口逃脱专为皇帝设立的经筵日讲，到后来甚至连早朝也不上了。朱厚照在宫中模仿街市的样子建立了许多店铺，让太监扮做掌柜和百姓，他则扮做富商，整日游乐其间。后来又模仿妓院，让宫女扮作粉头，他挨家进去听曲、淫乐，搞得后宫乌烟瘴气。大学士刘健、李东阳、谢迁等人见此，相继上书劝谏，甚至以请辞相威胁，但朱厚照每次都是嘴上说知道了，实际上依旧我行我素。

正德元年（1506），朱厚照因为群臣不断上书，开始同意除掉"八虎"。但刘瑾听说后急忙跑到朱厚照的面前，一番声泪俱下地哭诉，让朱厚照的心又软了下来。第二天，朱厚照竟惩治了首先进谏的大臣。而他竟然欣然批准谢迁、刘健再次告老还乡的威胁，提升刘瑾为司礼监，丘聚、谷大用分别提督东厂和西厂。

正德三年（1508），武宗朱厚照厌倦了宫中生活，离开紫禁城，住进了他自己于正德二年建造的豹房新宅。至正德七年，豹房新宅共添造房屋二百余间，耗银二十四万余两。他的豹房新宅既是他居住和处理朝政的地方，也是当时的政治军事中心。豹房新宅有许多密室，像迷宫一样。此外，还建有校场、佛寺。朱厚照在此荒淫度日。

安化王朱寘鐇于正德五年（1510）四月发动叛乱，却因为不得人心，叛乱很快被平定。长期受到刘瑾打压的太监张永借献俘之机，向武宗揭露了刘瑾违法犯纪的十七件事,指出安化王造反皆因刘瑾有反叛之心,图谋不轨。武宗俯身问道:"当真如此?"周围的马永成等人也都历数刘瑾的不法之事。于是武宗派人前去刘宅,自己则紧随其后。披着青蟒衣的刘瑾刚一出门,随即被缚。抄没家产时,发现一枚私刻玉玺,穿宫牌五百,以及盔甲、弓箭等大量违禁物品,又发现他竟然藏有两把锋利的匕首在平时所用的折扇里面。罪证确凿的刘瑾,被斩于同年八月。但刘瑾死后,武宗依然宠信宦官。

在豹房新宅中,朱厚照不仅广招乐妓,还大肆认领义子。仅正德七年(1512)一年间,他就将一百二十七人改赐朱姓。而在这些义子中,江彬是最为得宠的。原是一名边将的江彬,因立军功获得朝觐的机会。觐见时,他的言语因深合朱厚照之意,于是朱厚照命江彬率边兵入京进驻豹房。江彬此后更是鼓动武宗离开京城到西北游幸。一向以雄武自居的朱厚照,当然梦想着能在广阔的草原上一展雄姿。

武宗在继位后不久便娶夏氏为妻,之后又选了几位嫔妃。然而,自从他搬到豹房之后,并不在意后宫中的皇后、嫔妃,极少回后宫,而是将喜欢的女人都安置到了豹房和宣府的镇国府。正德十一年(1516),赋闲在家的马昂结交武宗身边的红人江彬以求得复职升官的机会。江彬受贿后就经常武宗面前赞扬马昂的妹妹是个美若天仙、娴熟骑射、能歌善舞的美女。武宗见后非常喜欢,将其带回了豹房。马昂也凭此如愿以偿升官晋职。当朝臣见马昂被任命为右都督后,纷纷上疏要武宗驱逐马氏,以绝后患。武宗见事已至此,不得不逐渐疏远马氏。

正德十二年(1517),在江彬的鼓动下,武宗朱厚照一行浩浩荡荡地来到宣府,开始大肆修缮"镇国府"。同年十月,蒙古小王子伯颜叩关来袭进犯,武宗朱厚照因一心希望建功立业,闻知此事非常高兴,他亲自布置,同小王子大战一场。这是一场十分激烈的战斗,明军曾一度被蒙古军分割包围。正是朱厚照亲率大军援救,才使得明军解围。双方打了大大小小百余场战斗,期间武宗与普通士兵同吃同住,甚至还亲临前线杀敌,这极大地鼓舞了明军将士。最后,小王子见久攻不下,知道自己没有胜算,便引兵西去,明军取得了一场难得的胜利,史称"应州大捷"。从西北胜利归来的武宗朱厚照闲不得,又开始酝酿南巡。

正德十四年（1519），宁王朱宸濠趁朱厚照荒于政事，效仿成祖朱棣发动叛乱，武宗朱厚照以此为由南下亲征。然而，王守仁擒获宁王的捷报在朱厚照刚到达河北涿县时就传来了。一心南巡的朱厚照执意向南，于是命王守仁不要北上献俘，而是将朱宸濠重新释放后，自己亲自将其抓获，然后大摆庆功宴以庆祝自己取得胜利。经过一番折腾后，朱厚照开始在江南肆意玩乐。正德十五年（1520）九月，武宗在南巡途中于清江浦（今江苏淮安市）垂钓，不慎落入水中，虽被随从及时救起，但身体受寒，从此一病不起。

正德十六年（1521）三月，31岁的武宗朱厚照自知不久于人世，便对司礼监说："朕疾不可为矣。其以朕意达皇太后，天下事重，与阁臣审处之。前事皆由朕误，非汝曹所能预也。"没过多久就病死于豹房，后葬于昌平天寿山陵区莲花山东麓的康陵。

垂拱而治的明穆宗

人物名片

朱载坖（1537—1572），明世宗朱厚熜的第三子，明朝历史上的第十二位皇帝。出生于紫禁城，他的生母杜康妃于嘉靖十年（1531）被封为康嫔，嘉靖十五年（1536）才晋封为康妃。由于自己非长子，而且母亲被陷害、排挤，失去皇帝的信任，从小皇帝就没怎么关心过他。

人物风云

道教方士在世宗的时代很受宠信，明朝江山也因此江河日下，皇储之位没有合适的人选。朱载坖历尽重重考验与困苦之后，在29岁时终于登上了皇位，他上任时恰巧赶上盛年，虽然沉迷于酒足饭饱、美人佳肴，不过问政事，但由于朝堂之上贤人辈出，文有徐阶、张居正、高拱、杨博，武有谭纶、戚继光、李成梁，而且他对自己身边的大臣都很信任，让他们勇于进谏，各抒己见，因而这一时期的社会不仅一直处于上升阶段，百姓安居乐业，而且为大明王朝即将踏入繁荣时期起到了举足轻重的推进作用。

嘉靖十八年（1539）二月，长子朱载基不幸早逝，世宗朱厚熜，依照皇位继承制度即太祖朱元璋确立的"有嫡立嫡，无嫡立长"，将次子朱载壑册立为太子，同一时间也把朱载垕封为裕王。册封当日，太监们疏忽大意，竟把册封太子的圣旨交给了裕王朱载垕。也许冥冥之中自有天注定，这不是预示着朱载垕才是"真龙天子"吗？到了嘉靖三十一年（1552），皇太子朱载壑得病离世，年仅17岁。这样，朱载垕当上皇长子也是理所应当的事了。可是，皇位之争是残酷的，要想当上皇上，就要经历一段痛苦的争夺。

在嘉靖二十一年（1542），世宗朱厚熜经历了"壬寅宫变"，不想参与宫廷的斗争，移置西苑。他在西苑中炼长生不老丹，修身养性，希望自己能够长活于世。由于前后痛失两位爱子，心中痛苦无人能解，便逐渐听信方士陶仲文的谶语，即"二龙不相见"。为此，他远离了亲生儿子，而且对册立皇太子的事情也搁置不议。

嘉靖三十一年（1552）九月，作为父亲，考虑到儿子的终身大事，世宗传谕礼部，着手张罗皇三子（朱载垕）和皇四子（景王朱载圳）的婚姻大事。锦衣卫百户李铭之女李氏由于才貌双全，被选为裕王妃，暂住宫内。

嘉靖三十二年（1553）二月，皇帝为刚满16岁的朱载垕迎娶了李氏，作为朱载垕的妻子，李氏被册封为裕王妃，与此同时，移居裕王邸，夫妻两个人开始了自己的生活。

嘉靖三十三年（1554），朱载垕之母杜康妃因病离世，大臣们拟定把他母亲按太子的礼仪进行安葬，嘉靖闻知此事后却要求丧葬从简。一年之后，朱载垕的第一个儿子出生，为裕王妃所生，当然也是嘉靖的第一个孙子。喜得龙子本是一件普天同庆的大事，但是这个孩子是在裕王妃为母亲守孝期间怀上的，嘉靖勃然大怒。按照明朝制度，皇子皇孙在满月之时都要行剪发礼，但是这个出生两月的孩子至今尚未剪头发，当宫中有人提及此事时，嘉靖皇帝更是"怒而谴之"。

尽管朱载坖当储君是众望所归，但他因母亲失去皇上宠爱而遭冷遇，而他的弟弟景王朱载圳却因母亲受宠而有做皇太子的希望。从世宗对景王的偏爱中，朝中大臣们领悟了个中秘密，为了谋一己之私，权贵大臣纷纷对景王阿谀奉承，溜须拍马。因此，直到嘉靖三十九年（1560），景王朱载圳才前往湖广德安（今湖北安陆）就藩。

尽管朱载坖承受了作为一个皇子从来没有过的苦难，但是他也亲眼见识了世间炎凉。世宗让裕王府的老师如高拱、陈以勤、张居正、殷士儋等当时的名士教他，朱载坖从老师口中学到很多课本上没有的东西诸如严重的社会矛盾，尤其是严嵩专政，纲纪败坏，贪污受贿，"南倭北虏"之患，百姓苦不堪言，大明王朝岌岌可危。

嘉靖四十五年（1566）十二月十四日，世宗朱厚熜薨世。朱载坖于十多天后登基，即明穆宗，改年号"隆庆"。登基之初，穆宗便将世宗宠信的道士方士王今、刘文斌等人一并逮捕，打入大牢，秋后处斩。

隆庆元年（1567），朱载坖在高拱、陈以勤、张居正等人的辅佐下，对冤假错案进行平反，宣布"自正德十六年（1521）以后，至嘉靖四十五年（1566）十二月以前，谏言得罪诸臣，存者召用，没者恤录。"如海瑞，朱载坖非但没有追究他对世宗的大不敬之罪，反而将他释放了，官复原职，不久又把他提升为大理寺丞。为了革除迷信，朱载坖还降旨罢除斋醮，撤除西苑内大高玄殿、国明阁、玉熙宫及诸亭台为斋醮所立之匾额。

朱载坖即位的时候，他还继续任用徐阶担任内阁首辅，但是，他对徐阶在草拟"遗诏"的环节中未与高拱、郭朴等人商议的过失非常失望。高拱作为裕王府的讲官，德高望重，对朱载坖恩重如山。朱载坖即位后想报答自己的老师，高拱与徐阶发生矛盾之后，就借徐阶草拟的遗诏有"谤先帝"为借口而弹劾诽谤他。最后迫于舆论压力与百官的排挤，事情的结果竟是高拱被迫引疾归田。隆庆二年（1568）七月，徐阶也被迫致仕。

隆庆三年（1569）十二月，高拱被重新启用，于次年当上首辅，明朝第一宰辅的张居正也在同一年正式入阁。张居正原来是徐阶的学生，因此在政见上与高拱不合，于是他们之间的明争暗斗一发不可收拾。高拱再起后把当时远近闻名的将领王崇古和谭纶推荐给朱载垕，朱载垕分别任命他们为宣大总督、蓟辽总督，而戚继光、李成梁都是谭纶的部下。朱载垕还任用曹邦辅为兵部侍郎，让他和大将军王陵都督宣府、大同，总管西北边防。

隆庆四年（1570），因为家族内部问题，蒙古鞑靼部落首领俺答的孙子把汉那吉下决心投奔明朝，俺答发动军队向明朝讨人，宣府、大同总督王崇古一直不肯出城迎战。见多识广的高拱和张居正经过精心策划，决定以谈判方式解决，于是派出使者与俺答谈判，终达成和议。明朝把俺答封为顺义王，开创了在边境地区开展互市贸易的先例。和议的达成，使得北方汉、蒙人民可以安心地从事农业生产，汉蒙两族人民的交流也逐渐频繁了。朱载垕革除浪费弊端，轻车简从，粗茶淡饭，百姓很是赞同这种做法，百官耳濡目染，也以身作则，节俭风气大为盛行，人民的负担也缓解了不少。

朱载垕盛年即位，正是大展宏图的大好年龄，可是他竟沉迷女色，对朝廷之事毫不过问，连上朝的回奏都是由大学士代答，对经筵之事漠不关心。早在隆庆三年时，大臣郑履淳就直言不讳地上奏说："陛下御极三祀矣，曾召问一大臣，面质一讲官，赏纳一谏士，以共画思患豫防之策乎？高亢睽孤，乾坤否隔，忠言重折槛之罚，儒臣虚纳牖之功，宫闱违脱珥之规，朝陛拂同舟之义。回奏蒙谴，补牍奚从？内批径出，封还何自？"这些话句句戳进了朱载垕的心窝，但他听了非但没有龙颜大怒，而且也没有给予罢官处置，因此，朝臣们都敢于上奏进谏。他重用徐阶、张居正、高拱、杨博等人，用人不疑，实施"正士习、纠官邪、安民生、足国用"等新政。在整治吏治方面，朱载垕对官吏进行严格审核之后才任用，即使是普通职位的官员，王府官员也要审慎地考察。对于两袖清风、一心为民的官员，给予奖赏和晋升，对于贪官则下狱充军。在蠲免救济方面，朱载垕为缓解百姓灾后流离失所、无家可归的惨状，减少土地兼并，颁布了勋戚宗室依世次递减的政策法令，同时清查诡寄、划分钱粮和皇室勋戚田庄。对外经济方面，朱载垕解除了海禁，放宽海外贸易政策的限制，将民间私人远贩的范围扩大到东西二洋，史称"隆庆开关"。关禁政策的放宽，明朝的对外贸易结构大大改善，海外贸易也出现前所未有的繁荣。

隆庆六年（1572）四月二十五日，朱载垕因长期过着花天酒地的生活而毁了自己的身体。自知时日不多的他急召高拱、张居正及高仪三人入宫，授予官职为顾命大臣，当年仅9岁的太子朱翊钧的左膀右臂，忠心辅政。次日，朱载垕于乾清宫驾崩，时年36岁。陵寝安置于昭陵，庙号穆宗。

悲愤自尽的崇祯帝

▶ 人物名片

明思宗朱由检（1611—1644），明光宗的第五个儿子，他和明熹宗是同父异母的兄弟，是明朝的第十六位皇帝，由于明熹宗没有子嗣，朱由检就接受遗命继任为帝，他的母亲是贤妃刘氏，登基后年号定为"崇祯"。一共在位17年，李自成军攻入北京后在景山上吊自尽，享年35岁，死后葬于思陵。

▶ 人物风云

朱由检的父亲朱常洛在历史上被称为"一月天子"，仅在位一个月就去世了，朱由检和父亲以及明熹宗朱由校都是明朝比较短命的皇帝。朱熹宗去世后，朱由检临危受命，成为明朝历史上的最后一位皇帝。朱由检小时候的生活也是很不幸的，他的亲生母亲在他四岁时就去世了。因此，朱由检就被朱常洛送入西李李康妃宫中抚养，可想而知，他并不会得到来自母亲的温暖，因为他并不是西李的亲生骨肉，因此西李对他并不是很重视，所以在西李宫中他很孤独。没想到，五年以后，他的兄长朱由校的母亲王氏也病故了，于是朱由校也被朱常洛送到西李宫中。从那时起，他们就相依为命，那一年，朱由校十四岁，朱由检九岁。到了泰昌元年（1620）的九月份，登基仅仅一个月的明光宗朱常洛就驾崩了。同年九月份，朱由校继承大统，改元为"天启"，他登基以后没有忘记相依为命的弟弟，下旨将朱由检改为东李李庄妃照顾。因为东李的性格"仁慈宽俭"，一定可以给朱由检最好的照顾。得益于兄长朱由校的照顾，朱由检后来的生活环境不仅安定富足，并且还有好几位翰林院的老师对他倾囊相授，朱由检也很有出息，在学习方面的进步也很大，琴棋书画样样精通。

天启二年（1622），年仅12岁的朱由检就被册封为信王，但是他仍然住在皇宫，一直到天启六年的时候，朱由检才搬到自己的府邸信王府居住。

到天启七年（1627）的时候，朱由检已经17岁，并且在那年实现了小登科，迎娶的信王妃是朝中掌握兵马大权的城南兵马副指挥周奎的女儿，信王妃也就是后来的周皇后。然而朱由校的好日子并没有多久，在八月十二日，仅在位七年的朱由校由于溺水后病情日渐加剧，他自己又没有子嗣，于是就把信王朱由检接到宫中，准备让他来继承大统。过了十几天以后，朱由校就去世了，朱由检就顺理成章继承皇位，即明思宗，改元为"崇祯"，从此就开始了他手握大权的帝王生活。

其实晚期的明朝已经非常颓废，所以朱由检从朱由校手中接来的是一个千疮百孔的烂摊子。明朝晚期的时候，一度出现了宦官专权的局面，一大批朝中官员都依附宦官，形成了明代危害最大的阉党集团。当时权力最大的宦官就属魏忠贤，他的势力遍布朝野，其亲信田尔耕担任锦衣卫提督，崔呈秀担任兵部尚书。可以说魏忠贤掌握了皇帝的心脏。朝廷上下从内阁、六部一直到四方总督、巡抚，到处都有魏忠贤的死党。因而朱由检上台首先要解决的一个问题就是阉党干政的局面。而魏忠贤也想方设法地诱使思宗做一个荒淫无道的皇帝，然后可以像摆布朱由校一样来控制这位末代皇帝。出乎他意料的是，朱由检并不和他的父兄一样，他并不爱恋美色，并且他也洞悉了魏忠贤的"良苦用心"。

不久，被魏忠贤视为左右手的崔呈秀请求辞官，其实是想借此来试探朱由检，没想到朱由检毫不客气的抓准时机，干净利落地准奏。同年的十月份，嘉兴的一名贡生钱嘉征上奏弹劾了魏忠贤的十大罪状，朱由检借此时机一纸诏书，把魏忠贤贬到凤阳去守陵。魏忠贤在去往凤阳的途中畏罪自杀，朱由检就下令将他的尸体扔到了山涧。然后他又马不停蹄地对阉党的二百六十多人进行不同程度的处置，有的被处死，有的被贬到偏远地区，有的终身监禁，使气焰嚣张的阉党受到了釜底抽薪的打击。在打压阉党的同时，朱由检开始进行平反冤狱，重新任用天启年间被贬压的官员，对官员进行全面考核，禁止建立朋党，严令禁止朝廷大员结交宦官。这些及时有效的举措使朝政有了很大的改观，朝野上下和士民对朱由检刮目相看，朱由检也因此被人称为"明主"，朱由检的上台一度使江河日下的大明王朝看到了振兴的曙光。

崇祯元年（1628）7月，袁崇焕因为皇帝的征召，下决心五年平定辽东地区。朱由检非常高兴，为了方便他行事，还特意赐他一把尚方宝剑。自此之后，辽东的局势在袁崇焕尽心竭力的维持下有所缓和。但不久以后却发生了一起全国性的大灾荒，致使陕西爆发了规模巨大的农民起义。于是朱由检就任命洪承畴担任三边总督，对农民军进行加紧镇压。面对濒危动荡的政局，朱由检总是励精图治。每当遇到御前讲习经史的时候，他总是洗耳恭听，从来没有表现出不耐烦，并且时常召对大臣，寻求治国的良策。他勤于政务，事事亲为。为了尽快让王朝恢复生机，他废除了为皇室服务的烧造、织造、采办等一些无关紧要的官职，还停止了皇宫的一切花费巨大的土木营造，并且削减自己以及后妃们的日常开支。

崇祯二年（1629）的十月，后金军队绕过锦州、宁远一线，从蓟门开始南下，进逼朱由检的京师。十一月一日，京师开始严令戒严。袁崇焕就命令山海关的总兵赵率教率兵增援京师，自己也在十一月五日率兵进京。等到十一月十六日，当袁崇焕率领大军到达京师广渠门时，就开始谣言四起，说袁崇焕和后金有约定在先，他是故意指引后金军队侵犯京师。十二月一日的时候，当朱由检在平台接见袁崇焕、满桂、祖大寿三人，就命令锦衣卫拿下了袁崇焕，马上投入狱中。

1630年3月16日，多发怀疑的朱由检就命人把袁崇焕处以凌迟处死，以致于酿成了千古奇冤，使历史上一名忠心耿耿的忠臣无辜丧命，也使得辽东的防卫几乎崩溃。后来朱由检又加派"辽饷"抚慰将士，然后增调重兵防守，全力进行防范，但都毫无作用。明朝丢失了唯一的东北屏障，八旗军队侵入东北大地，就像进入无人之境。同时，在陕西的境内，担任三边总督的杨鹤对农民军采取剿抚并用的策略，陕西的义军李自成、王嘉胤、张献忠、罗汝才等率领部队先后离开了陕西，渡过黄河，进入山西地区，山西的饥民又群起响应号召。因为朱由检对朝中的大臣极为不信任、不满意，所以他开始高频率地更换官员。根据统计，在朱由检统治的十七年里，先后一共替换了五十位内阁首辅，十七名刑部尚书。

在崇祯十七年（1644）的一月一日，李自成在西安称帝建号，立国号为"大顺"，然后分兵两路北上。朱由检任命大学士李建泰担任督师，出京抵抗大顺军，为了鼓舞士气，朱由检特意在平台为将要代帝出征的李建泰举行了一场"遣将礼"。但是明朝大势已去，注定了灭亡的命运，三月十七日，农民起义军包围了京城。十八日的晚上，朱由检和贴身太监王承恩一同登上煤山，远眺城外的漫天烽火，不禁声声哀叹。回到宫中以后，朱由检又写下了一张诏书，命令成国公朱纯臣率领诸军辅佐太子朱慈良。又命令周皇后、袁贵妃和三个儿子进宫，简单地嘱托了他们几句，就命令太监把三个儿子分别送往宫外藏起来。他又和周皇后、袁贵妃泣别，眼睁睁地看着她们自缢身亡。接着叛军攻入皇宫，朱由检又杀了两位公主和几个嫔妃。最后朱由检和贴身太监王承恩相继上吊自杀，那年他三十四岁。四月初，李自成的大顺政权派人把朱由检和周皇后一起草草葬入昌平田贵妃的墓穴中。

倾国倾城的后妃

帮夫旺夫的马皇后

人物名片

马秀英（1332—1382），宿州市灵璧县人，是明朝的开国皇后。她是朱元璋的结发妻子。在当时那个妇女皆缠足的年代，马秀英却坚决不裹脚，故被后人称为大脚皇后。马秀英21岁嫁给朱元璋，两人共同度过十五年患难与共的征战生涯。洪武元年（1368）朱元璋在南京称帝，立国号为"明"，建元"洪武"，立马秀英为皇后。洪武十五年（1382）八月，马秀英因积劳成疾在南京病故，终年51岁。死后被谥为孝慈高皇后，葬于钟山之阳，即朱元璋死后合葬的明孝陵。

人物风云

在明朝所有的文献中，对这位马皇后的描述都是仁慈、仁厚、有智谋、极具判断力，而且精力十分充沛，记忆力也很强。她父母很早就过世了，从小被红巾军首领郭子兴收养，郭子兴把她许给了手下的奇才朱元璋。就这样，马秀英成了既是叛军领袖、同样是开国皇帝的朱元璋的一个不可或缺的贤内助。史料记载，她不管在颠沛流离时还是贵为皇后时，都经常穿着比较粗糙的衣服，有的还是补了又补。当国家遭受饥荒瘟疫，她就开始不吃荤，并且每天祈祷。她一直都保持着中华传统的美德，她经常告诉自己的孩子们，要养成节俭朴素的生活方式，不要贪图享受。

马皇后一有时间就给六宫的嫔妃讲解礼仪和规矩，要求她们理解《列女传》，而且让她们讨论。马皇后认为："孝慈就是仁义。"所以她公开朗读《小学》，并让朱元璋大力宣扬这本书。了解明朝历史的人都知道朱元璋是性子很急而且脾气很大的人。1380年2月因为胡惟庸的案子，就有多达一万五千多人被处死。又比如，洪武二十六年（1393）三月彻查蓝玉谋反案，有大大小小两万多官员受到牵连，轻者被流放边关，重者就直接被处死。不过，马皇后经常在朱元璋身边委婉劝说，这样也救了不少人。像和州参军郭景祥的独子，宋濂和吴兴的大富翁沈秀等无数官员，都是因为她的谏阻，才有幸活了下来。

一次，马皇后听说太学的学生有几千人，她就担心学生的家人没法得到照顾，所以提出建议，设立了"红板仓"来储存粮食，遇到干旱，就用这些粮食给学生们补贴家里。后来马皇后听说朱元璋正派人寻找她的家人，要赐给他们一官半职，她立刻回绝了，并气冲冲地对朱元璋说："这是徇私枉法的事。"

洪武十五年（1382）秋天，马皇后得了重病，卧床不起。文武百官都奏请皇帝为皇后祈祷，可是马皇后却说："人的生死是注定的，祈祷又有什么用呢？"后来病情越来越重，九月，刚刚51岁的马皇后就过世了，按照当时的礼仪，所有皇室成员都要为皇后穿三年丧服。朱元璋当时难过不已，因此，他下令改掉《仪礼》的丧服传统，改变了一直以来父尊母卑的传统。这一做法在全国一经实行，所有人对父母的定位都有了重新的认识，也对千百年来中国的礼仪标准有了重新地规定。

在马皇后过世后的四十四天，一辆装饰华丽的马车载着她的灵柩来到了风景秀丽的钟山，将她安葬在了孝陵。朱元璋决定从此不再册立皇后，并下令有人常驻陵墓，每天要点燃蜡烛，确保陵墓中的香火永不熄灭。在马皇后去世一年的仪式上，他们还要穿着特制的衣服，为皇后哀悼四十九天。

建文四年（1402），马皇后的四子朱棣继承了皇位，他立即下令为母亲追加"孝慈高皇后"的称号。到了嘉靖十八年（1539），嘉靖皇帝在位，他也给马皇后追加了谥号,即孝慈贞化哲顺仁徽成天育圣至德高皇后。

公元1398年6月24日,朱元璋去世了。六天之后,这位明朝的开创者的灵柩也在钟山的孝陵下葬了,和马皇后葬在了一起,这也是他的愿望,和自己心爱的人永远在一起了。

有乃父之风的徐皇后

人物名片

仁孝皇后徐氏(1362—1407),明成祖朱棣的皇后,濠州人,明朝开国功臣徐达的长女,洪武九年(1376)正月二十七日被册封为燕王妃,建文四年(1402)十一月十三日被册立为皇后。永乐五年(1407)在南京去世,终年46岁,葬于长陵。

人物风云

朱元璋的四儿子朱棣在建文四年(1402)夏天继承了皇位,成了永乐帝,立即下令把建文四年改成洪武三十五年,这样一来就让朱允炆成了一个篡位者。而且所有明代历史文献都记录了不少有关永乐帝妻子徐皇后的功德,大肆宣扬明朝第二位皇后的好,想让她成为中国传统仁慈、厚德的典范。

徐皇后的父亲是和朱元璋一起打江山的徐达。徐达被封为"中山武宁王",享有岁禄五千石,又兼太子少傅,在明朝所有将领中他是排在第一的。很显然,这次的婚姻是政治联姻,是为了让朱、徐两家关系更紧密,后来徐达的另两个女儿又分别许配给朱元璋的十三子朱桂和二十二子朱楹。洪武九年(1376),还未满15岁的徐家长女就和比她大两岁的朱棣成了亲,很快就被册封为燕王妃,一年半以后,徐氏就生下了他们的长子朱高炽,就是后来的仁宗皇帝。洪武十三年(1380)又顺利产下次子朱高煦,在这之后她又生了一个儿子朱高燧和四个女孩。长女永安公主嫁给了战功赫赫的袁容,次女也和另外一个杰出的将军李让结了婚，而另外两个小一点的女儿，也分别嫁给了两个将军。在所有的记载中，燕王妃都是温柔善良、博古通今的形象，而且十分受长辈宠爱，每一次朱元璋召见朱棣时，都会仔细问一问燕王妃的情况。在燕王妃的血液里，还有和他父亲一样的性格。靖难之役在1399年8月6日打响，11月中旬，李景隆率领三十几万大军把北京城包围了起来，并开始炮击城南的丽正门（后改名为正阳门）。在危急时刻，燕王妃开始动员士兵的妻女来帮助守城的将军李让，按照燕王写的作战手册，向敌军投掷硝灰瓦石。还在不断给城墙洒水，因为气温很低，水很快结成了冰，敌人就很难往上爬，北京城这才得以保全。

公元1402年12月5日徐氏正式被封为了皇后。之前的三天，徐皇后就开始斋戒沐浴，并向上天祈祷。正式开始的时候，穿着卫甲的仪仗队整齐地站在两旁。这时候皇帝朱棣在华盖殿换衣服，翰林院的官员在诏书上盖好了皇帝的玉玺，乐鼓三响，皇帝身着衮冕来到奉天殿。所有的执事官和文武百官都站在大殿之上，高奏音乐。在执事官向皇帝奏明，宣读诏书之后，音乐停止，年纪不到四十一岁的徐皇后从内使监令的手中接过了诏书，给皇帝跪拜行礼。这时候正副使大声宣布"皇后受册礼毕"，音乐在这时候又响了起来。徐皇后在受封之后，接受皇帝、郡王、文武百官、宫内侍人的祝贺。礼部这时候就派人去承天门宣读诏书，让老百姓知道新皇后的册立消息。第二天又要举办大型宴会。这样一忙就是五六天。

对中国历史很了解的徐皇后，经常会帮丈夫宣扬一些纲常名教，以此倡导中华传统道德观念。她以自己的名义发表了明朝内府书籍，包括三卷的《古今列女传》、二十篇《内训》和二十篇的《劝善书》。《劝善书》的目的就是让"天下之民，咸趋于忠，兴于孝，悖信友弟，笃厚其性，而不为媒薄之行"。徐皇后一直认为："仁者善之所由生也，善者福之所由基也。是故，求福莫大于为善，省己莫严于知戒，用是辅仁，其或庶几。……修善蒙福，积恶蒙祸；善恶之报，理有必然。"

除此以外，徐皇后还写了一部和佛教大功德有关的佛经，书中写到她和慈悲的观世音菩萨有过心灵的交流。她甚至用神的语气在说，观音许诺，十年之后会再和她见面。一心向佛的徐皇后还告诉她的宫女们如何向佛像行礼，怎样做佛事。到了万寿圣节、元旦、中元这些节日,她还经常邀请高僧尼姑来到宫中做法事祈祷。

徐皇后于永乐五年(1407)夏天在南京病逝,享年46岁。永乐皇帝亲自为她加殓,并在灵谷、天禧二寺大斋,还决心从此不再册立新的皇后。后来有人纵火烧毁了天禧寺,永乐皇帝就下旨把天禧寺的所有僧侣一并收容到旁边的报恩寺,再着手修建一个新的由二十几座宝殿组成的特别庞大的寺庙,将它命名为"大报恩寺"。在寺庙的正中间,要修建一座五色的琉璃宝塔,永乐皇帝要把这个寺院当作纪念徐皇后的永久塔寺。纪念徐皇后的宝塔共有九层、八个面,足有三十二丈九尺五寸之高;八个面都是用白石和五色琉璃砖砌成的,檐角悬挂着风铎,塔顶还放有金球,这可算是一座规模雄伟、金碧辉煌的绝世宝塔。但这座宝塔在1853年太平天国运动的时候,被洪秀全一把火给烧掉了。

不过早在永乐五年(1407)的夏天,永乐皇帝就作出了把国家首都迁到北京的决定,而且也选择了北京北方大约五十公里的天寿山南麓,作为大明朝今后的墓地,这就是现在人们所熟知的明十三陵。兴建徐皇后陵寝是在永乐七年(1409)开始动工的,用了四年才完工,完工后永乐皇帝就把她的棺椁从南京搬到了北京。而永乐帝本人也在永乐二十二年(1424)八月十二日在内蒙古的榆木川驾崩,他被葬在了长陵,也就是天寿山的正中央。宣德二年(1427)长陵终于建造完成,永乐皇帝和他心爱的妻子徐皇后就这样永远在一起了,徐皇后后来被尊谥为"仁孝慈懿诚明庄献配天齐圣文皇后"。值得一提的是,永乐皇帝死后的短短几天里,有三十多个宫女,还有永乐皇帝的十六个妃嫔,都按照礼数的要求,上吊自尽身亡。但是安葬她们的地方,反而没有什么人知道。

女中尧舜张皇后

> 人物名片

张皇后（？—1442），明代的第三位皇后张氏是张麒的女儿，河南永城人，洪武二十八年（1395）嫁给了永乐皇帝的长子朱高炽，随即被册封为燕世子妃。朱高炽十分孝顺，而且酷爱诗词，可是身体过于肥硕，所以不善骑射，永乐皇帝也因此很不高兴。而永乐的次子朱高煦确实身材健硕，而且他在靖难之役中又有十分出色的表现，永乐就有了立他为太子的想法。好在张氏在短短三年之内就替朱高炽生下朱瞻基，成为永乐最喜爱的长孙，也就是后来的宣德皇帝。后来张氏又生下越王朱瞻墉与襄王朱瞻墡。

> 人物风云

永乐二年（1404）夏天，永乐皇帝立了朱高炽为东宫太子，但是，朱高煦始终耿耿于怀，一直暗中伤害他的兄长。朱高炽遇到这些烦心事的时候，知书达理的张氏就会引用历史故事让丈夫舒心。并且丈夫的一日三餐她都会亲自调理，帮助丈夫减肥。公元1424年8月12日，永乐皇帝在榆木川生了重病，生命危在旦夕，他急召英国公张辅来到身前，命他起草遗嘱，传位皇太子。一切丧葬礼仪，都遵照太祖的方法来办。朱高炽继承皇位，即洪熙皇帝，但不到八个月，他因为身体原因，也离开了人世。

张氏成了寡妇，对政治从不关心的她，不得不让出皇后的位子给她的儿媳胡氏，她也顺理成章成了皇太后。在之后的日子里，张皇太后日夜为她的儿子朱瞻基担心，她怕这位26岁的皇帝过得不够安稳。1426年9月初，在父亲和兄长两位皇帝都离开了人世后，朱高煦终于向侄子朱瞻基开战了。皇太后张氏得知以后，去寻求有德行、有才干而且精明老练的人称"三杨"的内阁大学士杨士奇、杨溥、杨荣与吏部尚书蹇义，来对付朱高煦。仅用了短短三个星期的时间，朱高煦的所有叛变行径就被平复。朱高煦和他的儿子也因此被贬为庶人，被监禁在北京的西安门，直到离开人世都没有被释放。

朱高煦被处置之后，国内一片安宁，所有亲王的权力都被大幅削减，只能用政府发放的俸禄，明朝也从此变得和谐平静。放眼望去，整个明朝，在朱瞻基在位的十年可以说是天下太平。在很大程度上，这些成就都要归功于"女中尧舜"皇太后张氏的善解人意和明辨是非。

宣德皇帝登基后的第三年，张太后去西苑游玩，宣德皇帝的众多妃嫔一同前往，并陪着太后在万寿山赏景野餐。第二年清明的时候，皇太后十分想念先帝，所以要去天寿山给永乐皇帝和洪熙皇帝烧香祈福，而且要扫墓。朱瞻基知道后马上吩咐下去，让军队护送，而且亲自送母亲出了紫禁城，一直护送到了清同桥才肯与母亲分手道别。一路上，所有的百姓都夹道行礼，太后遇到此情此景，心情特别舒畅。回宫之后，皇太后让她的儿子宣德皇帝作了一篇《赏春赋》，里面记录了她一路上的所见所闻。

天有不测风云，1435年1月31日，只有36岁的宣德皇帝突然暴毙，死在了乾清宫，他8岁的儿子朱祁镇登上了皇位。有一些想得到青睐的大臣希望张太后能垂帘听，张氏考虑到明朝的祖宗家法，没有答应他们，但她表示愿意出面担任新皇帝的监护人。所有的事都由皇帝做主，但极其重要的事情还是要先得到太后的认可，然后才能由内阁做决议。同时为了安定内部，张氏还给她的哥哥写了正式书信，告诫他要循礼法、修恭俭，任何时候不能干预政治，而且只能在每个月的初一和十五来给皇帝请安。除此之外，太皇太后张氏要求自己的子孙们要认真读书，要谨记勤劳二字，凡宫中那些好玩的和没什么必要的，全部被她禁止了。

虽然太皇太后对她的子孙十分严苛，要他们时时刻刻牢记勤劳仁政，可那年幼贪玩的正统皇帝，还是每天和贴身太监王振嬉戏打闹。《明实录》上记载，正统二年（1437）元宵节的时候，太皇太后张氏召了英国公张辅，大学士杨士奇、杨荣、杨溥，还有礼部尚书胡濙五位德高望重的老臣入朝，在他们面前，让王振俯下身子。这时太皇太后身边跑出来很多佩戴着刀剑的侍卫，把剑死死地压在了王振脖子上。时年56岁的太皇太后张氏十分严肃地对坐在她西侧的正统皇帝说："以后任何国事，如果没得到这五位重臣的认可，都不可以实施。"又转过身十分严厉地斥责王振："以后不管是谁，只要是敢干预朝政的话，绝对一个都不会放过。"就在这件事过去的五年之后，太皇太后张氏去世，依照先帝遗愿，她和丈夫朱高炽合葬在了献陵。不久之后被追认"诚孝恭肃明德弘仁顺天启圣昭皇后"。又过了许多年，各位老臣也一一离开了人世，正统皇帝这才敢公开提拔他的"老师"王振，让他成了级别最高的"司礼监太监"。

机警端庄的孙皇后

人物名片

皇后孙氏（生卒年不祥），是永城县主簿孙忠之女。她并不是宣德皇帝的原配，永乐八年（1410），那时的宣德皇帝只有12岁，孙氏就被召进内宫，由张皇后养育。宣德当太子的时候，孙氏为嫔，后来孙氏生了儿子，宣德就立为太子，孙氏也成了皇后。

人物风云

宣德皇帝朱瞻基的原配皇后其实姓胡名善祥，是山东济宁州胡荣的第三女，洪熙元年（1425）夏天就早早地被立为皇后。这位皇后性格温和，十分贤惠，但体弱多病，一直没能生下一子。宣德（1428）的春天，她失去了皇后的位子，搬出了坤宁宫，闲居在了长安宫，赐号静慈仙师。虽然待遇不变，但从此就没再见过皇上一面。正统八年（1443）底，胡氏在郁闷中离世，就连死后都没能和皇帝葬在一起，只是依照嫔的规格葬在金山。

相对而言，孙皇后就比胡皇后幸运得多了。宣德皇帝在上位之后，封了胡氏为后，而孙氏只是贵妃。其实当时孙贵妃也迟迟没有生育，不过据说，她曾把一个宫女跟宣德皇帝所生的男孩收养了过来，起名朱祁镇。宣德皇帝听说孙贵妃有了儿子后很是高兴，在 1428 年 2 月 20 日，朱祁镇刚满三个月，宣德皇帝就迫不及待地把这个婴儿立为东宫太子。接着又废掉了原配皇后胡氏，太子的母亲孙氏也顺理成章成了皇后。孙氏成为皇后不到八年，宣德皇帝就驾鹤西去了，于是，她的儿子朱祁镇在 8 岁的时候就继承了皇位，成了正统皇帝。年纪轻轻的孙氏也就成了皇太后。

一晃十四就过去了，这时正统皇帝谁的话都听不进去，只听信王振的一面之词，在大臣们反对的情况下，在 1449 年 8 月他亲自带领五十万大军，向北进军大同，想给蒙古瓦剌部队首领也先一些警告。可没想到的是，大明军队刚到现在的河北省怀来县的时候，就遭到了也先的蒙古骑兵的重重包围。更加严重的是，正统皇帝也在战争中被俘。正统皇帝被俘的消息很快就传到了北京，朝廷顿时一片混乱，有胆小的人立刻提出迁都南京。这时孙太后显得很沉稳，她听取了侍郎于谦的意见，决定一直守在北京，并让正统皇帝同父异母的弟弟朱祁钰出面担任监国，以安抚天下。

正统皇帝被俘的那段时间，孙太后一直挂念着自己的儿子，经常会寄去貂裘等生活用品给他，还经常派人到北方打听儿子的消息。与此同时，蒙古争端又起，鞑靼部族与瓦剌部族发生了战争，致使瓦剌部族产生了内部矛盾。在这样的情况下，也先没有办法，只好放了正统皇帝。

长途奔波回到北京后，他发现朱祁钰成了景泰帝，而且自己还被幽禁在京城一角的南宫中。在南宫一待就是七年。正统皇帝在如此窘迫的情况下，只有母亲孙皇太后依然保护着他，想尽办法帮他出来。景泰帝身体一直不好，有一天他的病情突然恶化，正统皇帝的人在 1457 年 2 月 11 日终于寻找到了机会，没有发动流血冲突就帮助正统复辟，改年号为"天顺"。孙太后了却了自己最大的一件心事，五年之后，孙太后崩逝，死后她如愿以偿地跟丈夫宣德皇帝葬在了一起，就是在天寿山的景陵，谥号为孝恭懿宪慈仁庄烈齐天配圣章皇后。

一片痴心的钱皇后

人物名片

钱皇后（生卒年不详），是直隶海州人，明代的第六位皇帝朱祁镇的皇后。她的祖先都以军功晋爵。钱氏16岁就成了正统皇帝的皇后。

人物风云

正统皇帝当年在蒙古被俘，钱皇后十分挂念他，每晚都会暗自哭泣，哭得累了就卧地蹲跪，有一次可能是过于伤心，竟然一不小心折损了一条大腿。后来又因为每日伤心痛哭，一只眼睛也受损看不见了。而在正统皇帝被幽禁在南宫这七年的时间里，钱氏经常去给自己的丈夫唱歌，给他解忧。但是造化弄人，钱氏一直也没有给正统皇帝生下一子。所以在1450年9月，正统皇帝还在从蒙古回家的路上，他的母亲孙太后就自作主张，立了她的长孙朱见深为东宫太子，也就是后来的成化皇帝。朱见深的生母是周贵妃，但是成化皇帝继位之后仍然对钱氏毕恭毕敬，其实这是正统皇帝临终之前特别向儿子交代的："钱皇后千秋万岁以后，与朕同葬。"而且，正统皇帝还留下遗诏说，以后不管是哪个皇帝死时，后宫的妃嫔都可以不必陪葬。此令一出，宫中这些可怜的女子们又可以舒舒服服地生活，不必再那么难熬了。

正统皇帝去世以后，按照当时明朝的规定，钱皇后自然而然就成了皇太后。但在这时，成化皇帝的生母周氏出来说，她的儿子当了皇帝，自己才应该成为皇太后。二人争太后的事情闹得朝廷内外纷争不断。成化皇帝最终决定"两宫并尊"，尊称钱氏为"慈懿皇太后"。这一决定也创造了历史，因为这是在明朝历史上第一次出现有两位皇太后存在的情况。但是没过多久，钱太后去世了，这时，周太后又跳出来了，她为了不让自己跟钱太后一起合葬在正统的裕陵，又闹得朝廷上上下下不得安宁。成化皇帝经过了自己内心的抉择，再加上百官的建议，最终决定将钱太后的陵寝安放在距正统皇帝玄堂数丈远的地方，就在裕陵的右边，他也为自己的母亲周太后准备好了一个圹虚，准备日后埋葬周太后的尸体。最后人们才知道，成化皇帝还是对自己的生母有些畏惧，因为弘治十七年（1504）周太后死时，大家才发现钱太后其实是被埋葬在了一处封闭的，而且很不显眼的位置。这一发现把软弱的成化皇帝推到了风口浪尖，因为他把这一桩"两宫"争吵的家内事，弄得极其狼狈。但总的来说，钱皇后还是得到了应有的照顾，成化皇帝在位的这二十三年，也算是比较平稳。

阴险狠毒的万贵妃

人物名片

万氏（1428—1487），小名贞儿，山东诸城人，比明宪宗大19岁，四岁就被选进宫，成了孙太后的宫女。侍宪宗于东宫。由于善于迎合皇帝的心意而得以专宠，使得后宫女子难得进御。成化二十三年（1487），万贵妃去世，八月，宪宗因过度伤心驾崩，时年41岁。

人物风云

明朝得宠的妃子不计其数，但要是论起离奇想必没人能比得上明宪宗的爱妃万贵妃。她比皇帝要大19岁，但她却牢牢占据了丈夫的心，并得到了一生的宠幸，这也让其他人十分不解，唯一能解释的就是万妃具有各种与众不同的狐媚手段了，这样说来，万贵妃倒也真是个有魅力的女人。

明宪宗朱见深继承皇位时只有17岁，正是意气风发的时候。两宫太后为宪宗挑选皇后可真是费尽了心思。英宗在生前就给儿子选定了十二名淑女，两位太后再次仔细挑选，选了王、吴、柏三人作为候选留在宫中，准备进一步考察。宪宗的生母周太后下令让司礼监牛玉在这三人中选一个给宪宗。牛玉反映说先帝在时对吴氏和王氏印象不错，这二人姿色相当，论美貌不分上下，但相比起来，吴氏似乎更贤淑一些。周太后听后就直接把吴氏定为了新的皇后，钱太后也没有太多的意见。

但在结婚之后，皇帝并没有为吴皇后的美色所动，而是经常和嫔妃万氏在一起，皇帝的这一举动让吴皇后十分气愤，她很不解，不明白自己什么地方不如万妃，无论是姿色、才学还是修养，这万妃怎么也比不上自己，更让她不解的是，这个比皇帝整整大了19岁的女人到底是怎么把皇帝的心拴住的呢？

其实，皇帝在结婚之前就已经和年过三十的宫女万贞儿有了感情。万贞儿原籍是青州诸城人，父亲万贵是县衙掾吏，因为犯罪被流放。4岁的万贞儿只好进宫为奴，十几年后长得美丽动人。孙太后十分喜欢她，就让她在红寿宫处理服装衣饰这类事情。年幼的宪宗经常到祖母那里玩，万贞儿就带着他四处嬉戏，感情就越来越好，就成了莫逆之交。万贞儿是个有心人，为了有朝一日能出人头地，对宪宗是格外的好。

天顺六年（1462），孙太后病死，15岁的太子就趁机把万贞儿要到自己身边成了贴身侍女。尽管贞儿当时已经年过30，但她姿色尚好，看上去也就像20岁的样子。

宪宗即位后，心里就想着万贞儿一人。按他的意愿，是要把万贞儿立为皇后的，但是，她比自己大19岁，又是地位低下的宫女出身，想要成为皇后，那几乎比登天还难。受礼节所限，也迫于母命，宪宗只好和吴皇后结了婚，至于他心爱的万氏，只能赐给她一个妃嫔的名号。

万贞儿心有不甘，因为她知道，这时的宪宗，心早就在她这里。她心想，只要皇帝能下定决心，她是完全有可能成为皇后的。倚仗着皇帝的万般宠爱，她根本不把吴皇后放在眼里。大婚之后，皇帝经常在她身边，两个人朝夕相处，十分相爱，这也使她越发地骄气。所以，她每次去拜见皇后时，总是板着一张脸，有时还会故意拿架子，这让吴皇后十分生气。起初吴皇后碍于宪宗还是能忍就忍，到后来实在忍无可忍，就开始斥责万氏无理。可万妃不但没有收敛，而且越发的变本加厉。一次，万氏真的惹怒了皇后，皇后命宫人把她按在地上，亲自动手打了她几下。这下真是不得了了，万妃跑到皇帝那里哭个不停。宪宗勃然大怒，非要去找皇后。万妃十分有心机，假装拦着宪宗不让他去找皇后，说道："臣妾年岁已大，不及皇后天生丽质，还请陛下命妾出宫，免得皇后生气，臣妾也省得受那杖刑了！"

这时的宪宗很是伤心，看着她那白嫩的皮肤上一道道被抽打的痕迹，不由得气愤起来，并发誓："此等泼辣之人，我若不把她废去，誓不为人！"第二天一早，宪宗就去找了两宫太后，说吴皇后不守礼法，不应居六宫之首，执意要废除她。钱太后不便评论，周太后则劝道："立皇后才短短一个月就废除，这还不让人笑话？"但宪宗执意要废，周太后拗不过儿子，只能听了他的。于是，废后的诏书立刻下达，吴氏退到了别宫，而且还把司礼监牛玉罚去种了菜。

万妃想接替后位，想让宪宗替她找太后说说，但周太后因为她年纪太大，而且出身卑贱，始终没有答应。两个月之后，周太后下旨，让宪宗立贤妃王氏成了皇后。但这位王皇后胆小怕事，她知道皇帝只爱万妃，而且自己也不是万妃的对手，只能处处小心忍让，成了个傀儡皇后。

成化二年（1466），万妃生下了一个男孩，也是宪宗的长子。宪宗大喜，立即封她为贵妃，还派出使者到处祈祷。但天有不测风云，这位皇子还没满月就夭折了，万贵妃不再能生育。但她并没有放弃对皇后位置的争夺，而且还特别抵触别人生子，要是知道哪个妃嫔怀胎，她就想尽办法让人家喝药打胎。因为万贵妃的势力很大，妃嫔们也只能委屈服从。

几年过去了，宪宗就一直没有孩子，宫廷上下都为他担心。大臣们多次上奏，希望皇帝广施恩泽，宪宗为此也很着急。到了成化五年，柏贤妃终于生下一个皇子，宪宗高兴极了，大肆庆贺，给孩子取名佑极，封为皇太子。谁知第二年二月，太子突发急病，疾病来得如此突然，太医们也毫无办法，一天后太子不幸夭折了。宪宗真的是悲痛万分，很多人都觉得这孩子病得有些蹊跷，便偷偷去查，最后得知是万贵妃下的毒手。但是，谁也没敢去告发。

光阴似箭，很快又过了六年。此时的万贵妃依然居高临下，而且把手伸向了朝廷，就连宪宗都拿她没办法了。她勾结宦官和大臣，太监梁芳、钱能、郑忠、汪直等都为她办事，她借朝廷之名，大肆搜刮，对此宪宗也感觉束手无策。

一天，宪宗实在想念孩子，召了太监张敏给他梳理头发。照镜子时，忽然发现头上多了几根白发，不由得感叹道："朕老了，可尚无子嗣！"张敏一下子跪倒在地，赶忙磕头说："请皇上您恕罪，奴直言相告，您已经有子了！"宪宗听了很吃惊，连忙问道："朕什么时候有了孩子？"张敏赶忙说："奴才怕说出来性命难保。万岁爷您可要保住皇子，我死而无憾！"一旁的司礼太监怀恩立刻跪下说："张敏说的都是真的。皇子现在被养在西内密室，已经六岁。因为怕招来灾祸，所以没敢上报。"宪宗十分惊喜，立即传旨去了西内，让张敏安排他和皇子见面。

皇子是哪来的呢？原来，成化三年（1467），西南战乱，朝廷出兵，胜利之后，把被俘的人带到了京城。其中有个姓纪的女子，是贺县一官员的女儿，因长相可人，所以让她进了宫。因为她为人很好，又有文采，当上了女史。不久，王皇后看上了她，让她来管理内府。

一天，宪宗偶然间来到内藏室，问了她很多问题，她都对答如流，宪宗很是高兴。又因为她生得十分美丽，宪宗就召幸了她。几个月之后，纪氏就怀孕了。万贵妃知道了这件事后十分生气，派了一个宫女到内藏室去打听情况。还好那个宫女心好，不希望皇子受伤害，回来报告贵妃说，纪氏只不过是身体不适，患了疾病。万贵妃还是不信，就下令让纪氏搬出了内藏室，打发到安乐堂去居住。

又过了几个月，纪氏生下了一个男孩。万贵妃得知后让门监张敏把孩子带出去淹死。张敏抱过皇子很难过，他也知道皇上年纪大了，几个孩子不是死在胎中，就是早早夭折。皇上至今没有孩子，他怎么能对不起整个皇室呢？所以他冒着被杀头的风险，偷偷把皇子藏在密室，取来一些食物和点心喂养。由于张敏格外小心，躲过了万贵妃那无处不在的耳目。不久，废皇后吴氏得知了此事，就把皇子接到了自己身边，并且细心地照料，皇子这才得以存活下来。

现在，纪氏听说宪宗要见皇子，和儿子抱头痛哭，说道："今日我儿一去，我恐怕性命难保！儿去，若见一穿黄袍，有胡须的人，便是儿的父皇，儿就拜见他吧！"说完替儿子换上一件小红袍，抱他上了轿子，在张敏等人护送之下离开了。

这时，宪宗正焦急地坐在堂上等着，轿子停在了宫门口，小皇子穿着红衣，跳下轿子直奔大堂，一见到皇上，立刻给宪宗请安，双膝跪地，说道："儿臣叩见父皇"。宪宗又喜又悲，眼泪很快流了下来，把儿子揽入怀里，放在腿上仔细端详了很久才小声说道："这孩子确实像我，一定是我的儿子！"

宪宗派人去内阁通报，并把事情一并说清。大臣们都很高兴，第二天的早朝都来向宪宗道贺。宪宗还起草诏书昭告天下，纪氏也成了淑妃，搬进西内。可是六岁的皇子还没名字，宪宗又组织内阁给皇子起名朱祐樘。

大学士商辂却一直担心小皇子会和太子的命运一样，但又不敢直说，只建议应该让他们母子住在一起，以便照顾。宪宗批准，让淑妃带皇子住进了永寿宫，他自己自然也经常到那里和淑妃欢聚。此后，宪宗开始大胆地和其他妃子欢聚，不久又多了几个儿子。

皇宫此时十分和谐，但万贵妃过得不开心。她总是不停地抱怨，说是这些人一起欺负她，绝不善罢甘休！这年六月，纪妃突然暴病身亡。她究竟是怎么死的，没人敢过问，但大家心里都明白。宪宗也没追究，只是要厚葬纪妃，并谥她为"恭恪庄僖淑妃"。张敏得知淑妃已死的消息，知道自己难逃毒手，吞金自杀了。

万贵妃一心想除去朱祐樘。可是她不是那么容易得手的。周太后为了保护孙子，把祐樘从宪宗那要了过来。不久，祐樘就被立为了太子。一天万贵妃请他去玩，周太后自然知道她没安好心，叮嘱孙子，到那什么都不要吃。到了万贵妃宫中，万贵妃又是拿饼又是拿羹汤，机灵的小皇子问道："这里面有毒吗？"万贵妃半天没说话。

从那以后，万贵妃只要有机会，就闹着要宪宗废掉太子，而另立邵宸妃的儿子朱佑杬。尽管那时的万贵妃年近六十，可宪宗还是离不开她，只好听了她的。而太监梁芳等人一直和万贵妃勾结，侵吞国家的钱，他们也怕将来会受惩罚，所以一直帮着万贵妃说话。宪宗迫不得已，只能答应了。

第二天，宪宗找到司礼太监怀恩，怀恩极力反对，宪宗竟很生气，直接贬他去守皇陵了。宪宗正在商议此事时，东岳泰山突发地震，宪宗就以废太子会惹怒上天为名，不再提此事，这才保住了可怜的太子。

万贵妃一直费尽心机，却没得到想要的结果，难免不能接受，不久便得了严重的肝病，在成化二十三年（1487）去世。万妃一死，宪宗就像丢了魂一样，凄然地说："贵妃一去，朕亦不久于人世了！"他亲自主持万贵妃的葬礼，而且七天没有上朝。没过多久，一直郁郁寡欢的宪宗也得了重病，去找他的万贵妃了。

子立母死的纪氏

人物名片

纪氏（生卒年不祥），蛮族土官的女儿，因西南战乱失败后被当作俘虏带回了京城。后因长相可人，又有文采，当上了女史。不久，又被王皇后看上了，让她来管理内府。和成化皇帝有了私情，并产下皇子，其子成为太子后，她被封为淑妃。最后遭到万贵妃毒害，死后被谥为"恭恪庄僖淑妃"。

人物风云

朱祐樘的生母纪氏是广西贺县人，是西南一个小官的女儿。成化三年（1467）被俘送入宫中，因为她机智聪颖，又善文字，于是王皇后把她派到内藏室成了女史。两年后的一天，成化帝突然来到内藏室，偶遇了这位与众不同的女子，然后随便问了她几个问题，纪氏都说得头头是道，成化皇帝很快就对这个才华横溢的女子产生了兴趣，并几次临幸纪氏，纪氏很快就有了身孕。可是善妒的万贵妃知道了这个消息，非常生气，于是她让身边的宫女想办法弄死孩子。但这位宫女不忍心做这样的事，只能和万贵妃谎称纪氏没有怀孕，只是患了疾病，才会有呕吐的症状。万贵妃考虑之后决定把纪氏送到安乐堂去疗养了。

几个月后，纪氏在无人知道的情况下顺利地生下了朱祐樘。这时候，守在门口的太监张敏急得坐立不安，惊恐之余，他又想到皇帝还无子嗣，真的不忍心遗弃这个来之不易的龙子。于是他把孩子藏了起来，偷偷拿来东西喂养他，而且一直没把孩子的胎发剪掉。张敏后来把这件事情告诉了废后吴氏，吴氏居住的地方和安乐堂离得很近，她就亲自喂养这个皇子，并吩咐下去，所有人要保守这个秘密。

成化皇帝在位十年还没有孩子，所有人都替皇帝担心。成化十一年（1475）的一天，张敏在给成化皇帝梳头发，成化帝照着镜子，感叹道："过了这么久，我还是没有一个皇子。"张敏听了这话，立刻跪下说："奴才该死，万岁已有皇子！"成化帝听后十分惊讶。一旁的太监怀恩也随即给成化皇帝磕了一个头，说张敏说的确实属实。怀恩可是成化帝最信任的太监，他告诉成化帝，小皇子现在被秘密养在西内，而且马上就六岁了！

得知了纪氏已经产下皇子的消息之后，成化帝很兴奋，一刻不停直奔西内。经过了宫廷的一系列验证，查询各项明朝的家法祖训都合格，皇帝着手来迎接皇子。特使来到的时候，纪氏抱着儿子痛哭流涕，她说："儿子你要是去了，我可能就活不成了。你要是看到穿着黄袍而且留着胡子的人，那就是你的亲生父亲。"朱祐樘当时穿着一件小红袍，坐着轿子出了西内，到了奉天殿，立即被一群太监拥至皇帝面前，带着六年未曾剪过的长发，小皇子兴奋地拥入皇帝的怀中。这时，成化皇帝把这个可爱的男孩子放在腿上，自己看着、摸抚着，然后小声抽泣着说："这么像我，一定是我的儿子！"成化皇帝马上让太监怀恩向外界宣布皇子出现的好消息。第二天，文武百官进朝向皇帝祝贺。成化帝还下令让纪氏移居永寿宫，而且几次召见她。

可万贵妃却怀恨在心，说大家都在欺负她，于是她开始想尽一切办法报复。果然，纪妃在一年之后暴死，有传言说她是被万贵妃毒害，也有人说她是因为终日害怕才自缢而死。纪妃死后没多久，太监张敏因为害怕，也吞金自杀了。而朱祐樘这个小皇子的命运呢？成化皇帝在成化十一年（1475）就把他立为了东宫太子，搬进了仁寿宫和祖母周太后住在一起，而且开始在文华殿和很有学问的老宦官覃吉学习文化。朱祐樘是个很刻苦的孩子，没有几年，他就能把四书五经背得滚瓜烂熟。在他当皇帝的那段日子，经常以礼义善待他的臣子，而且在明朝十六位皇帝中，他也应该是唯一不爱美色的天子。1487年2月，18岁的朱祐樘和兴济张氏成婚，之后他再也没和别的女人同床睡过觉，这在历史文献上也有清楚的记载。

朱祐樘为了给母亲一个交代，不遗余力。在他当上了皇帝以后，立即追谥他的母亲为"孝穆慈慧恭恪庄僖崇天承圣皇太后"，而且把母亲的灵柩迁到了茂陵，和父亲成化帝合葬在了一起。因为纪氏很小就进宫了，对自己的家乡和亲族知之甚少，所以弘治皇帝在为母亲申冤的同时，特地派太监蔡用去了纪氏的广西老家进行调查，得知了纪氏的兄弟纪贵与纪旺仍然健在。那时候，弘治皇帝高兴得不得了，有些昏了头脑的他，在1478年10月封两位"舅舅"为锦衣卫指挥同知和佥事，并赐给他们不计其数的房屋、金帛、庄田还有佣人。除此以外，这位年轻气盛的第九任明朝皇帝还给他的外祖父追加了中军都督府左都督的称号，也不忘对外祖母、曾祖父也都追加了封号，并命人重建纪氏家族在贺县的祖坟，并设专人替他们守坟，加以精心照料。

　　但是，在广西一些少数民族的部落里，"纪"跟"李"是同音，所以有一位广西籍的太监叫陆恺，大胆地说他是纪太后的亲哥哥，并且还找来了一个叫韦父成的人到北京给他作假，要皇帝给他封赏。这时就连主管宗室的负责机关都无法辨别真假，他们只能找来一位熟悉纪氏身世的太监郭镛，让他来处理这桩离奇的案子。郭镛让纪贵、纪旺与韦父成对质之后，他们都觉得这其中有诈，就把他们二人逐出了京城。但是后来弘治皇帝派人到广西重修纪氏家族祖坟的时候，听说在当地，又有许多人冒出来谎称是纪太后家族的。更让人觉得可笑的是，使者后来调查出原先自称是纪氏兄弟的纪贵和纪旺竟然也是假的，他们二人和纪太后一点关系也没有。恼羞成怒的弘治皇帝又接连派遣了几批人，深入到广西的连县和贺县，微服出巡，四处探访，调查了瑶族和壮族人家。返京以后，大臣孙珪和滕祐把他们调查出的所有情况，一五一十禀告给了皇帝，这才更进一步印证了，原先他自认为是"亲舅舅"的纪贵和纪旺都只是个骗子。弘治皇帝自然十分生气和懊恼，于是他重罚了太监郭镛等人，还把纪贵、纪旺发配到海边当兵。

　　从此以后，弘治皇帝对自己生母的身世也做过几次"寻根"，但都以失败告终，没有任何结果。1480年7月，经常因为想念母亲而痛哭流涕的朱祐樘最终决定在广西桂林府为母亲修建祠堂，赐名奉慈殿，并派人常年把守。同时又给早已去世多年而且从来没见过面的外祖父、外祖母追加了一大堆封号。

因为孙子而尊贵的邵妃

> 人物名片

邵妃（？—1522），一生受迫于万贵妃的压迫，晚年因为孙子朱厚熜登基而身份显贵，去世后，葬入茂陵。

> 人物风云

成化帝朱见深除了朱祐樘以外，还生有十一男六女。朱祐杬就是宸妃邵氏所生。朱祐杬生于1476年7月22日，比朱祐樘整整小了六岁。邵氏的父亲邵林是昌化人，当时家里困难，不得不把女儿卖给了杭州镇守太监，也就是因为这样邵氏得以读书认字。而且她还是个美人坯子，很有姿色，所以被选进了宫。朱祐杬刚满十岁的时候，就被成化皇帝封为了兴王，也就是后来的兴献皇帝，嘉靖皇帝的父亲。依照《皇明祖训》规定，兴王在弘治七年（1494）搬出了京城，定居在了湖广的安陆皇庄。可这时他的生母邵氏不能跟他一起，必须留在紫禁城里陪着成华皇帝。邵氏也常常感叹道："只要女人进了皇宫，人生就变得没趣味了，就连日常起居都没有自由。"

兴王朱祐杬的哥哥朱祐樘继承皇位之后，对其他的妃子没什么兴趣，结果只和皇后生有两男一女。他的这两个儿子，长子朱厚照生于弘治四年（1491），次子是在弘治八年（1495）出生的，但一年后就夭折了，所以朱厚照成了皇帝唯一的儿子。值得注意的是，此前三朝所立的太子，都不是所谓的嫡系，但朱厚照的生母是当时唯一的皇后，而且他的生辰又是农历干支的"申酉戌亥"，一般算命的人都会认为这是绝好的命。他出生后，也的确是十分优秀，弘治皇帝对他当然是喜爱有加，还不到两岁的他，就被立为了太子。弘治十八年（1505）朱厚照登基，成了正德皇帝，这时的他也只不过14岁。在位一共十六年，正德帝始终不务正业，虽然在全国征集美女，后宫佳丽无数，但始终没有孩子。1521年4月20日，年仅30岁的正德皇帝驾崩，当时他没有兄弟，更没有子嗣。所以张太后和内阁大学士杨廷和决定由兴王的儿子朱厚熜继承皇位。

　　1521年5月27日，朱厚熜来到北京登基，他就成了明朝第十一位皇帝，年号"嘉靖"。他的祖母就是之前提到的邵贵妃，这时的她眼睛已经失明，可这位年迈的老人还是替孙儿高兴，从头到脚抚摸着这位还不到14岁的新皇帝。嘉靖马上尊封邵氏为皇太后，并给了邵氏的弟弟邵喜昌化伯的称号。可是在嘉靖元年（1522）的冬天，邵氏安然离世。三个月以后，嘉靖想把他祖母的灵柩葬在茂陵，让祖母和祖父成化帝在一起，但内阁大学士杨廷和十分反对，他的理由是祖坟不能随便挖掘，因为大兴土木，会让祖先的灵魂不安。嘉靖帝开始还犹豫了一下，但最终没有听从杨廷和的意见。嘉靖八年（1529）的夏天，改封邵氏为太皇太后。嘉靖十六年（1537），这位太皇太后的灵柩就被搬进了茂陵，而且别祀奉慈殿。

被万历皇帝宠坏的郑贵妃

人物名片

　　郑氏（1565—1630），明神宗朱翊钧的皇贵妃。明万历初入宫，是当时万历皇帝最为喜爱的妃子。在生下皇三子朱常洵后，得到晋封，贵为皇贵妃。万历二十九年（1601）太子册立。明神宗驾崩后，遗命封郑贵妃为皇后。崇祯三年（1630）七月，郑贵妃去世，谥曰恭恪惠荣和靖皇贵妃，葬银泉山。崇祯十七年（1644），明安宗追尊皇祖妣贵妃郑氏曰孝宁温穆庄惠慈懿宪天裕圣太皇太后。

人物风云

　　万历皇帝一生共有八个儿子，但这八个儿子都不是原配皇后王氏所生。根据史料记载，皇后虽然为人和善，而且很受太后的喜爱，可是万历皇帝几乎不和她同床睡觉。万历大儿子朱常洛的母亲姓王,最初是慈圣皇太后身边的宫女,而且她比万历还要大几岁。一次,万历皇帝到慈宁宫,见到王氏很是喜欢,就瞒着太后带走了王氏,并跟她发生了关系,王氏在1582年8月28日生下了朱常洛。但当孩子降生以后,万历皇帝却赖账,怎么也不承认他和王氏之间发生了事情。后来慈圣太后通过调查文书房内侍记录的万历每天的起居,以及对王氏身体的检查,最终证实了朱常洛的的确确是万历的孩子,这样一来,万历皇帝也不得不承认并宣布他是朱常洛的父亲。虽然在1582年7月,王氏成了恭妃,但从此之后,她便再没得到皇帝的关注,万历三十九年(1611)年默默离开了人世。

其实,在皇帝和王氏的事情还没公开之前,朝中就有很多人开始担心皇帝子嗣的问题了,因此在万历九年(1581)间,司礼监又给皇帝挑选了一批漂亮的女子,一共有九名被选为嫔,其中,就有来自北京大兴的郑氏。郑氏当时只有17岁,长得也是亭亭玉立,十分甜美可人,所以她很快就得到了万历皇帝的宠爱,进宫一年半之后就被万历皇帝封为了德妃;又过了一年,封了她贵妃位,仅次于皇后。很快地,万历皇帝和郑贵妃就有了爱的结晶。郑氏在1586年2月18日生下了一个男婴,取名朱常洵,这也是万历皇帝的第三个儿子。一年半后,郑氏又产下一男婴,可惜这个孩子在万历十六年(1588)夭折了。除了八个男孩之外,万历皇帝的嫔妃们还给他生下了十个女儿,万历皇帝最为疼爱的要算是寿宁公主,值得一提的是,寿宁公主的生母也是郑贵妃。寿宁公主于万历三十七年(1609)嫁给了冉兴让,结婚后她也经常会来看望父母。结婚三年后,一晚冉兴让喝完酒回到家,发现奶妈把门锁上了,喝得醉醺醺的冉驸马气急败坏,狠狠地打了奶妈。奶妈也不甘示弱,第二天她召集了一群太监把冉兴让收拾了一顿。这件事竟越闹越大,后来被郑贵妃知道了,她站在了奶妈一边。岳母也不支持自己,气得冉兴让把驸马冠往宫门口一扔,跑进深山怄气去了。

万历皇帝十分宠爱郑贵妃,对王恭妃又完全不理睬,所以他一直想把朱常洵立为太子。但是依照明朝的历史传统,朱常洛是长子,所以只有他才能是东宫太子。就为了此事,申时行和沈一贯等大臣都开始和皇帝争论,并且很久没有一个好结果。万历皇帝总是说朱常洛的年纪太小而且身体过于单薄，所以，迟迟没有作立太子的决定。万历十八年（1590），八岁的朱常洛十分健康又很可爱，立太子的事又被大臣们提了起来。四年后，万历皇帝才开始让大儿子朱常洛上学，不过他心里还是最疼爱郑贵妃生的儿子朱常洵，还比较喜欢周端妃所生的皇子朱常浩。但是朝廷上下给万历皇帝的压力也越来越大，后来他干脆把三个儿子都立为王，封朱常洵为福王，朱常浩为瑞王。但这个想法说出来之后，所有人的反对声就像潮水一般涌来，终于在万历二十九年（1601）的春天，万历皇帝才允许朱常洛搬进迎禧宫居住，并在1601年11月9日册立长子朱常洛为东宫太子，也就是后来的泰昌皇帝。

　　明朝共有十六位皇帝，万历皇帝是在位时间最长的，相对而言，他也是最不认真，责任感最不强的一位。登基时他还是个孩子，自己都还要学习，白天还要读书。于是，他想了个办法，每个月就上九天朝，他管这叫三、六、九，也就是每月的初三、初六、初九、十三、十六、十九、二十三、二十六和二十九这九天。前十年，因为有张居正、司礼监太监冯保和母亲慈圣太后经常督促，他最起码还会跟大臣们，尤其是大学士和六部尚书经常见个面，商讨事情。但是后来张居正死了，冯保也被贬到了南京孝陵去种菜了，羽翼丰满的万历皇帝，除了母亲以外，根本谁都不怕，也不听任何人的话。1589年8月到1615年5月的这段时间，就连三、六、九的上朝，他也开始不遵守。此外，从1590年2月起，他就不再和老师有任何接触，也不去阅读经典的书籍。有一次，万历要找些东西，无意中发现自己几年前写字的纸都被虫子咬坏了。这说明，他已经有很长时间没有写过书法了。又过了一年，他几乎不再参加国家所有大大小小的活动。万历四十二年（1614）母亲去世的时候，万历也没有出席，只是靠朝臣们把葬礼办得还算风光。那时的他已经闭居后宫、不理政事。

　　总之，三十多年的帝王生活，万历早就开始厌倦了，再也不想去关心那些乱七八糟的政事。虽然皇后是那样温柔贤淑、与世无争，可万历还是把所有的心思都放在了美丽动人的郑贵妃，还有她所生的朱常洵身上。但是王皇后从来不会嫉妒，而且当太子朱常洛遇到危险的时候，她一定是保护备至，想尽一切办法帮这个可怜的太子渡过难关。最终，王皇后在万历四十八年（1620）的初夏安详离世，葬于定陵，等朱常洛登基成了泰昌帝，才尊谥她为孝端贞恪庄惠仁明媲天毓圣显皇后。至于朱常洛的生母王恭妃，一直不能得到万历皇帝的宠幸，而且经常被郑贵妃压制，哪怕是太子想去看自己的生母，郑贵妃都会派人尾随监视。最令人不能容忍的是，万历三十九年（1611）年王恭妃突发疾病，太子连忙赶来看望母亲的病情，可到了竟发现宫门居然是关着的。等太监拿来钥匙，太子才进去，这时候王恭妃已经什么都看不见了，于是她紧紧抓着朱常洛的衣服，哭着说："儿长大如此，我死何恨！"说完这句话，就断了气。王恭妃死后第三天，郑贵妃竟然还下令不准公布死讯，阁臣叶向高提出强烈抗议，万历皇帝这才同意按照传统礼葬安葬王恭妃，但只是把她的灵柩寄埋在永陵。一直到王氏自己的孙子登基了，也就是后来的天启皇帝，王氏才被进谥为孝靖温懿敬让贞慈参天胤圣皇太后，迁进定陵。

那么，万历皇帝是怎么样把郑贵妃一点点宠坏的呢？家在大兴的郑氏，当年本来已被许配到了一个姓许的邻居家，但因为礼金不够多，郑家推掉了这桩婚事，许家人要强行娶她，两家便争吵起来，这让郑氏伤心不已。碰巧这个时候，替万历皇帝挑选美女的太监路过郑家门口，看到郑氏十分漂亮，就把她带进了皇宫。郑氏不但长得漂亮，而且懂得如何讨好皇上，短时间内又给万历皇帝生下了二儿子朱常洵，这样一来，后宫众多的妃嫔中，没人能和郑氏一样得到皇帝如此多的宠爱。

尽管朱常洵是二儿子，而且大臣们极力反对，万历皇帝还是经常想着封他为东宫太子，尽管最后没能成功，但朱常洵在万历二十九年（1601）还是被封为福王，万历皇帝在洛阳给他修建的王府，要比其他亲王的大两倍还多，花了二十八万两银子。不光这样，封给福王的庄园封邑有两万顷，这里面有黄河下游的几个省最好的土地。虽然万历给了他这么优厚的条件，但朱常洵还是希望自己能不搬出紫禁城，这样一来就可以一直在皇帝和母亲郑贵妃身边。但是明朝有规定，亲王是不能在京城居住的。万历皇帝因此又收到了许多的谏言，大臣们要求皇帝尽快把福王送出京城。万历四十二年（1614），万历皇帝终于下旨让儿子搬到了新盖好的福王府。

万历一直想改变郑贵妃在人们心目中的形象，1594年4月，他提议让郑贵妃捐出五千两银子救济河南遭受饥荒的难民，后来，又让郑贵妃研读按察使吕坤所写的《闺范图说》。郑氏读后，专门找人帮她给这本书写了一个跋，而且自己掏钱刻印，用来教育自己的女儿。虽然万历皇帝极力想帮郑贵妃塑造一种宽厚、柔顺的形象，但野心勃勃的郑贵妃却依然没有改变。1615年6月，有个名叫张差的男子突然闯入太子的宫门，而且手拿木棍，打伤了好几个守门的太监。在一系列激烈行为过后，这位不速之客被侍卫当场抓获。事后便有人把矛头指向了郑贵妃，认为这个张差就是郑贵妃派来刺杀太子的。最后万历皇帝不得不出面为这件被人称为"梃击"的事件打圆场。他安排郑贵妃在东宫太子和群臣面前，当场号诉哀求，并让她发誓，保证她本人或者她的家人和这件事情没有任何关系。而这件事也在凶手张差被处死后，就不了了之了。

万历十八年（1590）左右，大明帝国的财政出现了大的问题，因日本出兵而起的朝鲜战事、皇家子女的婚嫁以及火灾后乾清宫和其他宫殿的重建的各种费用，都让国家入不敷出。难怪万历当时要想尽一切办法去搜刮钱财，这样一来，凤阳巡抚被逼无奈向万历皇帝上奏说："陛下，病源在溺志货财。"不光是这样，万历四十六年（1618）努尔哈赤率领的满洲军队攻占了抚顺，万历皇帝不得不从宫中拿出一百万两白银当作军饷，希望以此来重振大明朝的气势。但当时的万历皇帝因为长期迷恋酒色，身体早就大不如从前，王皇后去世三个月后，在1620年8月18日，万历皇帝也离开了人世。万历皇帝在世五十八年，在位四十八年。他临死前下令，要求他的后人把他最爱的郑贵妃封为皇后，可最后这个愿望没能实现。嘉靖三年（1630），郑贵妃因病去世，她被安葬在了银泉山，并没有和疼爱她的万历皇帝葬在一起。

左右历史的权臣

大明开国军师刘基

人物名片

刘基（1311—1375），字伯温，谥号文成，青田县南田乡（今浙江温州）人，当时的百姓称他为刘青田，明洪武三年（1370）封诚意伯，人们又称他刘诚意。明武宗追赠太师，谥文成，所以后人又称他刘文成、文成公。元末明初军事家、政治家及诗人，刘基通经史、晓天文、精兵法。他以辅佐朱元璋完成帝业、开创明朝并尽力保持国家的安定，驰名于天下，被后人比作为诸葛武侯。在文学史上，刘基与宋濂、高启并称"明初诗文三大家"。

人物风云

刘基，字伯温，出生在一个富裕的书香地主家庭。家庭对他有着潜移默化的影响，使他在学业上打下坚实基础的同时，也培养造就了他豪爽刚正、疾恶如仇的性格。

刘基考中进士三年后，他便被任命为江西高安县丞。这虽然只是辅佐县令的职位卑微的地方小官，但刘基并没有松懈，尽职尽责，处处为百姓考虑，深得上司赏识和百姓的爱戴。不久他便有了相当不错的政绩，从而被调至江西行省为职官。但是刘基的廉洁奉公在当时元朝政纲紊乱、官场腐败、大小官吏只为了自己的财与权而争相阿谀逢迎的现实下，显得格格不入。秉性耿直的刘基又常常因看不惯这种风气而不顾情面的直言谏事，处处得罪上司和幕僚。他的上司和幕僚便时常排斥他，让他在官场举步维艰。心里明白自己是不会在这样的现实下有任何作为的刘基毅然辞职，回到老家，闭门读书。

让刘基没有想到的是，他的秉公执法早已流传开来。时隔三年之后，朝廷以江浙儒副提举第二次起用他，兼任行省考试官。此时，刘基满腔为国效力的热情再次被激发出来。上任后不久，豪爽刚正、疾恶如仇的他上书揭发了监察御史失职的事。但现实再一次戏弄了刘基，他的上级不但没有惩戒失职的监察御史，反而斥责他多管闲事、信口开河。心中无比气愤的刘基再一次扔下了头上的乌纱帽。失意的他心里有许多的愤慨与无奈，便移居杭州，寄情于山水，饮于西子湖畔，卧于武林山麓，饮酒赋诗，遣兴自娱。

至正十一年（1351）发生了一件令朝廷大惊的事。台州人方国珍在海上集结兵力，一举攻占了浙江沿海的诸州郡。朝廷急命江浙行省尽全力抵御来犯。因为从小读书千卷，早年就在浙江传开了刘基熟谙兵法韬略的能力。于是，江浙行省在第二年（1352）以浙东元帅府都事再次起用刘基。这时的刘基对朝廷几乎失去了信心，但是，他心中为国效忠的火苗依旧没有熄灭。在一番激烈的心理斗争后，他一心为国的浩然正气带着他走出了深山，用自己的谋韬大略帮助官府镇剿方国珍。刘基细细分析后发现方国珍是以浙东宁波为跳板进袭内地的，刘基提出要想防住方国珍凶猛的进攻，只有建筑宁波城墙。果然，方国珍再不敢轻易进犯宁波了。至正十三年（1353），政绩颇丰的刘基被提拔为行省都事，召至杭州商议招抚方国珍一事。这时，刘基才知晓了事情的原委，在方国珍举兵起义后不久，朝廷便下诏书诏安方国珍，方国珍随即同意诏安，被任命为国尉。但利欲熏心的方国珍不安于此职，仍多次举兵反元，朝廷只得一次又一次地提拔以安抚方国珍。而这次方国珍又不安于现状，故伎重演，要挟朝廷，朝廷忍无可忍但也无计可施，只得召集贤士出谋划策。刘基细细分析后，否定了朝廷的做法，反对一味地招安。他认为应对方氏之乱的上策是剿抚相结合，方国珍的这些所作所为，无非是想得到高官厚禄，对此绝不能姑息，应捕而斩之；而他的部下大都是盲目追随者，招安之即可。杭州同僚觉得言之有理，便将此计禀报朝廷，欲行之。而刘基这镇压方国珍义军的分化瓦解之计，也确实险恶。方国珍得知后大惊，企图利用金丝玉帛来说服刘基，希望他放弃剿捕之计。正义的刘基果断拒绝了这些礼物，一心想铲除朝廷的心头之患。这时的方国珍急红了眼，索性直接以重金向大都朝中大官施压，那些大官在重金面前毫无抵抗之力。之后朝廷不但又一次招了方国珍的安，反而斥责刘基剿捕方氏之计有损朝廷的仁义，擅作威福，并责令江浙行省将刘基羁管于绍兴。这对刘基无疑是当头一棒，刘基被迫第三次辞官回家。

刘基在官场经历三次大起大落之后，归隐浙江老家。没过多久，朱元璋率红巾军打到处州。尊重有识之士的朱元璋每到一地都要访见当地名士，召请他们出来。占据处州后，听说浙东名士刘基正隐居在青田老家，朱元璋便派人携带重金聘请刘基出来。

隐居于家乡的刘基早已听说朱元璋的雄才大略，而且刘基也打心底钦佩朱元璋，但经历了三次官场大起大落，又对当时群雄割据的乱世存有戒备之心，因此刘基拒绝了朱元璋的邀请。朱元璋心有不甘，再次派处州总制孙炎前往青田邀聘。这时的刘基清楚地看到元王朝已经不可救药，体会到朱元璋的诚意，也看到了群雄中唯有朱元璋能成得了气候的事实。刘基决定再赌一把，把自己的未来压在了辅佐朱元璋建立大业上。刘基随即收拾行囊，于至正二十年（1360）农历三月由青田问道到达金陵。

访间传闻刘基是个深谙阴阳八卦，专事风水占卜的奇人，有着呼风唤雨、料事如神的法术，当然，这不是真的。但现实中的他的确是一个强识博学、才思敏捷的人，不仅经史诗文，连军事韬略、兵法智术，甚至是天文地理乃至阴阳五行都十分精通。刘基性情冷静，为人处事机警果敢，有成为一名优秀谋臣的天赋。辅佐朱元璋不久，刘基展现出的种种不凡才能，使得他很快成了朱元璋智囊团的核心人物。

刘基的到来使得在军事政治上正处于一个重要发展阶段的朱元璋如虎添翼，让他在金陵站稳脚跟的同时还占据浙江其他一部分地区，而且朱元璋的力量在这期间有了很大发展。但东边张士诚，西边陈友谅的两股力量也都不是鼠辈，他们看到朱元璋迅猛的发展后，试图联合夹击朱元璋以除后患，这对朱元璋造成了很大威胁。除此之外，朱元璋虽早有效法沛公刘邦的志愿，但一直没有真正属于自己的旗号，而是隶属于刘福通控制下的小明王韩林儿，接受他的封爵，有龙凤年号。若能解决这内忧外患的尴尬局面，朱元璋的实力便能得到质的飞跃。

在刘基看来，当下正值群雄纷争之际，受到别人的牵制不会有所作为，自己掌握命运，才能成就一番大事业。因此在至正二十一年（1361）农历正月，当朱元璋在金陵中书省设御座，率文武僚属遥拜小明王、行庆贺礼时，唯有刘基独自站在一边不拜。当朱元璋问其为何不拜时，刘基不屑地回答道："他不过是个牧童罢了，为什么要尊奉他？"接着便向朱元璋说明了应该摆脱小明王，自己争夺天下的道理，朱元璋听后不但没有因此而愤慨，反而觉得很有道理。至正二十三年（1363），张士诚手下将领吕珍于安庆（今安徽寿县）向韩林儿发动进攻，刘福通下令要朱元璋发兵速速前往救援。刘基听闻后劝说朱元璋不应前往救援。他说："现在陈友谅、张士诚正联合起来伺机进攻我们，这种时候哪还有精力去管别人呢？再说假使将小明王救了出来，我们又如何安顿他才好？"以此劝朱元璋借机抛弃韩林儿。朱元璋不听，一意孤行，亲自率军往救。不出刘基所料，陈友谅果然趁虚而入。率领几十万精英部队袭击了朱军辖下的江西重镇洪都（今江西南昌）。得到消息的朱元璋不得不日夜兼程回赶，此时的林韩儿正如刘基所说，成了朱元璋的累赘。待事态平息之后，朱元璋心怀愧疚，感慨地对刘基说："当初若是听从您老的教诲，也不会落得如此。万幸陈友谅偷袭的不是金陵，否则后果真的是不堪设想了。"不久之后，朱元璋狠下心来彻底抛弃了韩林儿，摆脱了他人的束缚。

在军事上，刘基对朱元璋的贡献是巨大的。刘基到金陵辅佐朱元璋不满两月之时，挟主称帝的陈友谅趁其余威，举兵东下，试图联合张士诚部合击朱元璋。金陵的形势可谓十分严峻。一时间朱元璋部下不免慌乱起来，有的主降，有的主逃，有的主张倾力与之决一死战，诸说纷纭，莫衷一是。而此时的朱元璋心中也没有办法，赶忙请教一边不动声色的刘基。刘基斩钉截铁地回答，主降者和言逃者一律斩杀，才有可能破敌获胜。他又说道，陈友谅劫主称帝，骄横一世，其心无日不忘金陵。现在气势汹汹地举兵顺江东下，乃是向我示威，逼我退让。我们一定不能让其得逞，唯有奋力抵抗才是上策。他又说，常言道，后举者胜，陈友谅虽兵骄将悍，但他们行军千里来进犯我部，既是疲军乏将，还是不义之举，而我们后发制人，以充足的兵力应对他们疲惫的军队，待敌深入后，我以伏兵击之，必胜无疑。而且这是关键的一仗，我们一定要打起十二分精神应对来犯。这一番话，既坚定了朱元璋必胜的决心，又稳固了朱元璋部队的士气。朱元璋采纳了刘基的计策，巧出奇兵击溃了陈友谅的进攻，使得金陵这块根据地得到了巩固。

虽然陈友谅吃了败仗，退守到江西、湖北一带，但是他与张士诚两股力量仍是朱元璋最大的威胁。为了消除后患，朱元璋决定出兵讨伐陈、张，以打破包围，争取战略主动。但是在讨论先对谁采取行动时，大家的意见产生了分歧。有的人提出先向张士诚进攻，因为张离得近，且兵力相对较弱，胜率大些。此外，张士诚所处的苏湖地区资源富庶，攻占后对部队的后勤军需补给提供了保障。而刘基的主张却恰恰相反，在他看来，张士诚安于现状，胸无大志，为求得自保，不太会乘人之危，所以不足以太放在心上。而占据长江上游的陈友谅从劫主称帝就显示出他庞大的野心，而且他的兵力相当雄厚，对我部的威胁远大于张氏。若我们先打张氏，陈友谅必定会乘人之危举兵来犯；而若先打陈氏，张士诚必定保守不出兵。由此看来，先攻陈氏为上策，而等陈氏被灭，张氏孤立无援，再加上其兵力本就薄弱，那么他们的生死就是我们一句话的事了。待到陈张皆被灭时，我部就可拥麾北上，席卷整个中原，天下便为我所有。刘基高瞻远瞩的局势分析，为朱元璋点明了一条扫平四海、建立大业的最佳途径。朱元璋采纳刘基之计，首先讨伐了陈友谅，之后又灭了张士诚，为成就大业奠定了坚实的基础。

明朝开国功臣李善长

人物名片

李善长（1314—1390），字百室，定远人，明朝开国丞相，被朱元璋誉为"在世萧何"。自小喜欢读书，颇具智谋，策事多中。元朝末年迎谒朱元璋，任职掌书记，右相国。洪武初年任左丞相，册封为韩国公。洪武四年（1371）致仕。洪武十年（1377）复命与李文忠统领中书省、大都督府、御史台。洪武二十三年（1390），因勾结胡惟庸等人获罪革职，遭致一门七十余人被杀。

人物风云

元延祐元年（1314），李善长出生在凤阳府定远县，也就是今安徽省定远县。元至正十四年（1354），李善长跟随朱元璋东征西战，当时正是朱元璋用人之际，急切需要谋臣为其出谋划策，朱元璋问李善长这天下到底何时才能安定下来，李善长答道："秦暴虐无道，导致天下大乱，汉高祖虽出身布衣，但是他豁达大度，知人善任，懂得黎民百姓之苦，救百姓于水深火热之中，只用了五年的时间，就打下了汉朝天下。今日虽与往日略有不同，但现在元朝纲常混乱，国家四分五裂。倘若您效法汉高祖，天下便可轻易平定。"很明显这一番话就是劝说朱元璋务必要和当日的汉高祖一样懂得知人善任、不嗜杀人，成就帝王霸业，指日可待。这一席话也让朱元璋深深体会到用人的重要性，对李善长颇为青睐，任命其为参谋，参预机要，并不断委以重任。以后，朱元璋的威名日盛，前来投奔的人也与日俱增。朱元璋就让李善长对他们进行考察，举荐优秀人才为国家尽忠。哪有牙齿碰不到嘴唇的，臣僚之间如果出现什么矛盾，也是由李善长做双方工作，慢慢消除隔阂。李善长待人谦和，在用人方面有自己独到的见解。当时郭子兴看重李善长的才能，想把李善长调到自己身边辅助，李善长坚决不去，朱元璋看在眼里，喜在心里，也因此更加信任他了。

至正十五年（1355），朱元璋攻下太平府，设置太平兴国翼元帅府，自称大元帅，同时任命李善长做帅府都事。第二年，朱元璋再任江南行中书省平章一职，命李善长为参议，并把军机进退、赏罚章程的任务交予他，由他自行裁决。后来将枢密院改为"大都督府"，李善长兼任大都督府司马一职，升至行省参知政事。

至正二十四年（1364），朱元璋自封为吴王，李善长为右相国。由于李善长擅长辞令，朱元璋的所有招纳文告，都由他代草。几次大的战斗都是李善长留守，以确保后方安定。

至正二十七年（1367），朱元璋册封李善长为宣国公。朱元璋改制之后，以左为上，朱元璋便封李善长为左相国，可谓是一人之下，万人之上。

洪武元年（1368）一月四日，朱元璋在南京称帝，李善长被册封为左丞相，兼太子少师，并授银青荣禄大夫，管理军国大事。同时李善长还监修《元史》，编撰了《太祖训录》《大明集礼》等书。上至封立诸王，下到爵赏功臣，朱元璋都委托李善长和诸儒臣进行商议之后再执行。

洪武三年（1370），朱元璋对开国功臣行册封大礼，授予李善长开国辅运推诚守正文臣、特进光禄大夫、左柱国、太师、中书左丞相的崇高荣耀；册封韩国公，允许子孙世袭；并授予铁券，免李善长二死，李善长的儿子免一死。当时被封公者共有六个人，李善长位列首位，朱元璋下达的诏书中将他与萧何作比较，言辞中对他褒奖有加。李善长的事业达到了巅峰，功高盖主，渐渐遭到了朱元璋的忌惮。

洪武四年（1371），李善长因病不能上朝参政，便辞官归居。洪武五年（1372），李善长病愈之后，朱元璋派他去督建临濠宫殿，一去就是几年。在李善长离开京城的这几年时间里，朱元璋又提拔李善长的弟弟李存义做太仆寺丞。朱元璋还把心爱的临安公主下嫁给李善长的儿子李祺。李善长功绩显赫，位高权重，在他的推荐之下，胡惟庸坐上了右丞相的宝座。随后，由于其能力和表现，被升任左丞相。胡惟庸身为丞相，大权在握，专行横断。

洪武二十三年（1390），监察御史状告李善长和胡惟庸相勾结。朱元璋大怒，严厉斥责李善长"元勋国戚，知逆谋不举，狐疑观望，心怀两端，大逆不道"，赐死。

就这样，李善长辉煌的一生结束了，终年77岁。

镇守云南的开国功臣沐英

▶ 人物名片

沐英（1344—1392），字文英，朱元璋义子，定远（今属安徽）人。沐英作为一代名将，为明朝的创建立下了汗马功劳。早年追随朱元璋南征北战，等到明朝建立后，沐英被命留滇镇守，大兴屯田，卒于任上，其后人世代镇守云南直到明末。

▶ 人物风云

沐英幼年时，他的父亲就死了，与母亲相依为命，后来母亲也死了，8岁的沐英有幸被朱元璋认作义子，跟随朱姓，与朱元璋夫妇一起生活。当时的朱元璋势力还不足以称霸，只得依附他人，投奔郭子兴是最好的选择，沐英便跟随朱元璋在战乱、兵营和征途中度过了他的少年时期。

至正十六年（1356），朱元璋攻下集庆，改名为应天府。从此以后，沐英便追随朱元璋开始了南征北伐的生活。沐英擅长兵法战术，表现得极为出色，18岁的时候就被任命为帐前都尉。在徐达攻下镇江之后，朱元璋命沐英镇守镇江，并担任军事要职。后晋升为指挥使，守卫江西重镇广信。

洪武三年（1370），朱元璋册封沐英为镇国大将军，任大都督府佥事；第二年，又升为大都督府同知。沐英在大都督府任职期间，办事果断，效率很高，因此深受朱元璋的器重。在以后的几年里，沐英南征北战，战功赫赫，为朱元璋立下汗马功劳，授予西平侯。

洪武十四年（1381），沐英领兵出古北口，随大将军徐达北征。沐英独当一面，又一次战胜而归。九月，朱元璋授予傅友德征南大将军的职位，同时封蓝玉、沐英为征南副将军，率领三十万大军征讨云南边境的北元势力。沐英等人，不畏艰险，率兵冒雾前行，可谓是"出奇制胜"。沐英巧用战术，最终击溃敌军，将二万被俘士兵都放还故乡，明军的声威远播。之后，沐英、蓝玉率领军队直逼昆明城城下，城门不攻自破。至此，盘踞在云南边境的残元势力就被消灭了。

云南大理一带，段氏割据势力猖獗。而大理号称天险，无人敢以身犯险。洪武十五年（1382）闰二月，沐英和蓝玉率兵进攻大理。沐英英勇善战，有勇有谋，与蓝玉一起攻打段氏，经过数月，打败了段军，攻占了昆明，稳住了动荡的局势。

洪武十六年（1383）三月，朱元璋下诏命傅友德、蓝玉班师，留下沐英镇守云南。在治理云南这段时间，沐英大兴屯田，安抚百姓，解决了当地粮食短缺的问题。洪武十九年（1386）九月，他向朱元璋上疏，希望可以开垦更多的农田，解决百姓的疾苦。朱元璋接受了沐英的建议。沐英命令军队一边戍守，一边农作，这样既解决了粮食问题，又安定了边塞的驻防。与此同时，朱元璋下令外省军人到云南屯田，一时间，云南大兴屯田，粮食收获也大幅度增加。沐英还用屯田的增减作为考察官吏政绩的一项指标，并对官员进行赏罚。在他治理云南的九年里，屯田达到百万余亩，在很大程度上推进了云南农业的发展。同时，沐英组织百姓进行疏浚河道的工作，扩广滇池，兴修水利；招商入滇，发展商业；整修道路，保护粮运；开发盐井，增加财源，使云南的经济有了极大的发展。同时，沐英还增设了府、州、县学等几十所学校，选择民间优秀人才和土官子弟进入学校学习。沐英治理期间，云南百姓安居乐业，一派安定祥和之气。

洪武二十二年（1389）冬天，沐英回南京朝见朱元璋，朱元璋在奉天殿赐宴，这样的荣宠非常人可以荣获，不仅如此，朱元璋还给予沐英十分厚重的赏赐。

洪武二十五年（1392）六月，由于征战多年，身患顽疾的沐英在云南病逝，享年 48 岁。朱元璋伤心欲绝，下令将沐英的遗体送回南京安葬，追封沐英为黔宁王，谥号昭靖，配享太庙。

忠心耿耿的一代儒臣刘健

人物名片

刘健（1433—1526），字希贤，河南洛阳人。弘治中兴时的一位良臣贤相。四朝元老的他效忠过英宗、宪宗、孝宗、武宗四朝。曾任内阁首辅八年有余，辅佐弘治皇帝处理朝政、励精图治、革除弊政。刘健生性正直，敢于直谏，忠言逆耳，深得弘治的信任，临终托孤，任顾命大臣的职务。刘健对不理朝政的武宗尽忠尽力，极力扶持，因为屡次上疏直谏，触犯龙颜。武宗宠信权阉，刘健愤然请辞，告老回乡，再未出仕。

人物风云

宣德八年（1433），刘健出生在一个书香门第之家。他的父亲刘亮，曾经是三原教谕。刘健小时候就懂得端正持重的道理，而且熟读经书，曾经跟随当时著名的理学大师、河东学派创始人薛瑄学习，受益匪浅。

天顺四年（1460），刘健高中进士，任翰林院庶吉士一职，后被授翰林编修。刘健进入翰林院之后，负责《英宗实录》等图书的编撰和修订工作，为了安心编书，他谢绝与别人的一切来往和游玩，闭门读书。因此，很多翰林院的同事们都称呼他是木头，虽是一种讽刺的言语，但是刘健却毫不在意，任他们胡说。

成化初年，因为刘健的工作能力强，晋升为少詹事，兼东宫讲官。这样，便利了刘健和太子的接触，两人兴趣相投，相见恨晚。

成化二十三年（1487）八月，宪宗朱见深因病去世，年仅 18 岁的朱祐樘登基，称为明孝宗，改元"弘治"。刘健被擢升为礼部右侍郎兼翰林学士。至此，刘健才获得进入内阁、参与朝廷大事的机会。

弘治四年（1491），刘健再次晋升，任礼部尚书兼文渊阁大学士，后又加封太子太保，武英殿大学士等职位。刘健学问广博，仗义执言，心胸开阔，公私分明。当时，国子监生江瑢弹劾刘健、李东阳阻塞言路，应当严惩。孝宗深知内幕，为了宽慰刘健和李东阳，下旨将江瑢打入监牢，刘健、李东阳不计较私人恩怨，出面替江瑢辩护，孝宗宽慰极了，下旨赦免了江瑢的罪名，江瑢感恩戴德。

弘治十六年（1503），因纂修《大明会典》有功，孝宗加封刘健为少师兼太子太师，晋升为吏部尚书、华盖殿大学士，赏赐蟒衣。当时，和刘健一起辅佐皇帝的还有李东阳、谢迁二人，三人同心辅政，尽职尽责。对于他们大多数的进言建议，孝宗都会采纳，对他们甚是器重。当时民间流行一句话，"李公谋，刘公断，谢公尤侃侃"，就是说李东阳善于为皇帝出谋划策，刘健做事决断，而谢迁善则敢于提出意见。这三个人的配合可以说是天衣无缝，天作之合，无往不胜。

弘治十八年（1505），孝宗驾崩。临终之际召见刘健、李东阳、谢迁等人入宫受命，孝宗将太子托付于他们，请他们一定要尽心尽责，辅佐新皇，三人含泪表示一定不会辜负孝宗的托付，孝宗心愿已了，闭上了眼睛。

正德元年（1506），朱厚照登基，是为明武宗，年仅15岁。果不出孝宗所料，武宗贪图享乐，不务朝政，使得宦官专权、横行朝野、干预朝政。为此，刘健等一干人人曾经多次上疏武宗，极力请求武宗上朝勤政。武宗为了顾全顾命大臣的颜面，满口答应，而实际上却不予执行，反而变本加厉、穷奢极欲。刘健见武宗沉溺于玩乐，感觉愧对先帝嘱托，自责不已。无奈之下，刘健上书希望武宗允许自己告老还乡，颐养天年。武宗深感歉疚，极力挽留，刘健只好继续辅政，本以为这次会有所改变，谁想到武宗仍然不理会朝堂之事。刘健对武宗失望极了，再一次请求退休。李东阳、谢迁也极力效仿，武宗不得已，只好按照刘健等人的建议处理朝政。

武宗宠信宦官，整日沉迷享乐，刘健等人对宦官恨之入骨，下定决心一定要铲除"八党"。刘瑾等人听到消息后非常害怕，向武宗求救。武宗一气之下，下令将反对宦官的主谋打入大牢。"八党"不仅没有被铲除，刘瑾还被委以重任，官至司礼监掌印太监，重权在握。刘健、谢迁等人彻底失望，再次上书，请求辞官还乡。武宗没有挽留，刘健回归山野，再也没有出仕。

就在刘健回家后的第二年，刘瑾诬陷朝中存在奸党，榜示朝堂之上，刘健位居榜首。正德五年（1510），武宗下旨刘健削职贬为庶民，夺去所有封号。也是在这一年，刘瑾因谋逆罪被诛杀，刘健官复原职。

嘉靖元年（1522），嘉靖帝即位。他欣赏刘健的才干，对他甚是青睐，说他是司马光、文彦博，大加赏赐。

嘉靖五年（1526），刘健病逝，享年94岁。刘健临死之前，留下千言奏章，奉劝世宗正身勤学，礼贤下士，远离奸佞。嘉靖帝十分感动，追赠刘健为太师，谥号文靖。

擅长谋划边防的四朝元老杨荣

人物名片

杨荣（1371—1440），初名子荣，字勉仁，福建建安人。他在永乐十六年（1418）五月至二十二年（1424）八月这段时间里任当朝首辅。与杨士奇、杨溥并称"三杨"，因所处居地，当时的人称他为"东杨"。杨荣生性警敏通达，善于察言观色。在文渊阁工作的三十八年间，因出谋划策、做事决断为人知晓。杨荣能文能武，是一个不可多得的人才。也因为如此，杨荣居功自傲，难容他人之过，和同僚之间的矛盾不断，还经常收受贿赂，因此时常遭人背后议论。

人物风云

洪武四年（1371），杨荣出生在福建建安一个相对富裕的家庭，从小过着养尊处优的生活。杨荣的祖父杨达卿生性纯厚，乐善好施，他的父亲杨伯成曾获赠荣禄大夫、少傅、工部尚书兼谨身殿大学士。杨荣17岁的时候就被选入郡庠。建文元年（1399），杨荣参加福建乡试，以第一名的好成绩高中；第二年，杨荣不负众望，在礼部考试中取得第三名，殿试获二甲第二，皇帝赐进士，授翰林编修。

建文四年（1402），朱棣攻下南京，杨荣、解缙等大臣一同迎谒。杨荣向朱棣进言，建议先拜谒太祖陵再登基，朱棣欣然采纳。燕王朱棣登基之后，在翰林院若干大臣中选中杨子荣、杨士奇等人一同参与国政。杨荣在所有大臣中最为年轻，但是头脑最为灵活，反应也灵敏。每每内阁议事，朱棣总是不苟言笑，大臣各持己见，相持不下，朱棣的脸色就会越发难看，这时候大臣都会战战兢兢，心生怯意，感觉无所适从。只有杨荣能够打破僵局，缓和气氛，化解朱棣心中的怒气，使得君臣意见达成一致。因此，朱棣对他格外宠爱，还亲自将"杨子荣"改为"杨荣"。

正所谓知己知彼，才能百战不殆。在朱棣执政期间，杨荣因为擅长谋划边防，被朱棣委以重任，派他去甘肃、宁夏等地了解边防。之后，杨荣再根据当地的山川形势、军事配备、军民士气、城堡建设等一系列的考察研究，提出设想和对策，对于杨荣的这些建议，朱棣都会予以鼓励和采纳。

永乐八年（1410），朱棣亲自率领军队北征，这是朱棣的第一次北上，朱棣命杨荣随行。由于先前侦知了鞑靼军队的情况，对敌军有一定的了解，为了早日结束战争，避免不必要的伤亡，朱棣亲自精选精锐部队进行长途奔袭，激战过后，大败敌军。在班师回朝的途中，明军的粮草供不应求，几乎断粮。杨荣建议朱棣把御用储粮散发给将士，以解燃眉之急，朱棣采取了他的建议，这才使得明军顺利度过粮荒，胜利班师回朝。

永乐十二年（1414），皇太孙朱瞻基跟随朱棣第二次远征蒙古，杨荣再次随行。这次，杨荣的责任更重了，他除了要和朱瞻基讲说经史，还要负责掌管皇帝的玉玺，充当朱棣的机要秘书。行军打仗期间，杨荣建议实行军屯来解决粮草短缺的问题，朱棣欣然采纳了他的意见。

几年后，首辅胡广去世。朱棣向来敬重杨荣的才干，胡广死后，命杨荣掌管翰林院事务。

之后，朱棣迁都北京。不久，北京新宫的奉天、华盖、谨身三座大殿因为雷击起火，情况万分危急，杨荣指挥守卫奋力抢救，使一些重要图籍得以完好，经过此事，朱棣对杨荣更加信任了。

永乐二十年（1422），朱棣第三次北征，杨荣伴驾，这一次明军无功而返。第二年，朱棣率军进行了第四次北征，只要是与军务有关的事情，朱棣都会让杨荣参与，不仅这样，每次朱棣召见杨荣，还会亲昵地称杨荣为"杨学士"。可见，朱棣对他有多么信任和依赖。

永乐二十二年（1424）七月，朱棣在第五次北征回师的途中病逝，宦官马云和杨荣、金幼孜经过秘密商议，觉得此时到达北京的路程还很远，为了防止军心涣散，决定密不发丧。杨荣先回到北京向太子禀告情况，请太子给予裁决。之后，太子朱高炽顺利地登上了皇帝的宝座，国家政局没有发生一丝一毫的骚动，稳定如初。杨荣因功被晋为太子少傅、谨身殿大学士兼工部尚书。

洪熙元年（1425），朱高炽驾崩，朱瞻基登基。此时，汉王朱高煦起兵发动叛乱。皇帝年纪尚小，对于朝政之事，资历尚且不足，犹豫不决的小皇帝即刻召见杨荣商讨应对之策。杨荣认为，与其等到朱高煦兵临城下之时再予以反抗，还不如趁现在朱高煦尚未切实准备的时候，给他一个措手不及，御驾亲征，在战争中占据主动地位。朱瞻基接受了杨荣的建议，亲率军队迅速包围乐安，朱高煦投降，叛军很快被平定了。

宣德十年（1435），朱瞻基驾崩，朱祁镇继承大业。太皇太后张氏掌握实权，将重任委于"三杨"。杨荣虽年事已高，但是和杨士奇、杨溥二人一同肩负着治理国家的重任。

正统三年（1438），朱祁镇晋升杨荣为少师。之后，宦官专权，王振的势力一天天强大，杨荣受到宦官的排挤和打击，渐渐失去了实权。

正统五年（1440），杨荣请求告假回乡扫墓。同年七月，杨荣在回乡的途中去世，享年70岁。追赠太师，谥号文敏。

最后的宰相胡惟庸

▶ 人物名片

胡惟庸（？—1380），安徽定远县人。中国历史上的最后一位宰相。因为被怀疑有反叛之心，在发生了胡惟庸案之后，被朱元璋处死，牵连其中的有开国第一功臣韩国公李善长等一大批元勋宿将，胡惟庸案共有三万多人惨遭杀害。

▶ 人物风云

朱元璋登基时，任命李善长为左丞相，徐达为右丞相。李善长是朱元璋在率军攻下滁洲后接纳下来的谋士，他擅长出谋划策、管理协调、组织供应，凡事经他之手必定解决得很完美。自朱元璋称吴王时起，李善长便被任命为右相国，他可以轻松解决各种繁杂的问题，称他为第一大功臣也不为过。洪武元年（1368），李善长任左丞相，封韩国公，在朝廷位列第一。徐达因常年在外带兵打仗，实权都掌握在李善长手中。而李善长的儿子李祺又被朱元璋招为驸马，因此权势更加显赫，李善长成为朝廷中真正掌握实权的淮西集团首领。

因为淮西集团的势力日益膨胀，逐渐对皇权产生了威胁。朱元璋对李善长颇为顾忌，于是在洪武四年（1371），以年高体虚为由，辞退李善长，李善长时年五十八岁。其实，朱元璋早就想撤换李善长，还曾经向刘基请教代替李善长的合适人选。但是刘基却说道："善长为元勋旧臣，能调和诸将，在群臣中影响颇深，因此不宜骤换。"朱元璋道："善长经常揭你的短，你还要替他说情吗？朕将任命你为右丞相。"刘基连忙说："臣实小材，怎能胜任？"刘基清楚知道，在淮西集团当权的情况下，自己必然会受到群臣的排挤，因而坚决不答应朱元璋的任命。朱元璋拿刘基没办法，只好另寻他法，又问："杨宪这个人怎么样？"刘基答道："他虽有才能，但没有应有的大器。"朱元璋又问："汪广洋如何？"

刘基道："器量偏浅，比宪不如。"

而当朱元璋问及胡惟庸，刘基回答道："不可不可，区区小犊，一经重用，偾辕破犁，祸且不浅了。"这时，朱元璋什么话都说不出来了。但是后来朱元璋还是不顾刘基的反对，任用了李善长举荐的善于逢迎的胡惟庸。刘基得知后感叹道："惟庸得志，必为民害。"不想这话被胡惟庸听到，自此便对刘基耿耿于怀。到了后来，事实再一次证明了朱元璋不听刘基的意见是一个错误。

因李善长在朱元璋面前为胡惟庸说尽好话，胡惟庸才如愿以偿得到提携，于洪武六年（1373），任右丞相。胡惟庸入相后，朱元璋非常赏识他的精明干练。这期间，李善长的侄子李佑还娶了胡惟庸的侄女为妻，两家结成姻亲。这使得胡惟庸与李善长关系更进一步。因为有这样的元老重臣作为自己的后盾，再加上李善长的旧属们也处处维护他，胡惟庸可谓如鱼得水，愈发的胆大妄为。又因他处处逢迎，渐渐深得朱元璋的宠信。到洪武十年（1377），胡惟庸晋升左丞相。

随着权势地不断扩大，胡惟庸日益骄横跋扈，为所欲为。诸臣所呈奏章，必先经过胡惟庸的审阅，凡是有对自己不利的奏章，一律私自拦下。他完全按照自己的意愿提拔、处罚官员，凡是想要获得提拔的官员，都投奔于他的门下，送给他不计其数的金帛、名马、文玩。一时间胡惟庸权倾朝野，人们只得看他的脸色行事，敢怒不敢言。

对于那些异己者，胡惟庸必定残忍地打击报复。之前，因入相的事情，胡惟庸与刘基结下了梁子。有一次，刘基奏请设巡检司对一向为盐枭占据的瓯闽间的一片名叫谈洋的空地进行管辖，但是盐枭不服，聚众作乱。刘基儿子刘琏将实情上奏，却没有事先向中书省报告。这件事被掌管中书省的胡惟庸知道后，认为是刘基蔑视他，越加愤怒，于是唆使刑部尚书吴云弹劾刘基，诬称谈洋有王气，刘基想据为己有，用来修墓，应严加惩处。朱元璋信以为真，对刘基夺俸，刘基忧愤成疾。

其实当时也有人试图反抗胡惟庸的只手遮天。大将军徐达对胡惟庸的擅权乱政，深恶痛绝，便把他的劣迹上告朱元璋。谁知这事被胡惟庸得知后，企图诱使徐达家的守门人福寿谋害徐达。幸亏福寿一心向主，未能让胡惟庸得逞。

由此可见胡惟庸气量多么狭窄，心计多么毒辣。

其实朱元璋对胡惟庸的所作所为也略有察觉，对他的私自动权更是不满。洪武十二年（1379）九月，占城国派使节来南京进贡，胡惟庸等人不仅没将此事上报朱元璋，还与礼部互相推卸责任，这可惹怒了朱元璋，朱元璋将他们全部囚禁起来。显而易见，此时的朱元璋已经严重怀疑胡惟庸了。不久，汪广洋被赐死，汪广洋的妾陈氏为他陪死。朱元璋得知陈氏乃是被没入官的陈知县的女儿后，更为震怒，说道："没入官的妇女只给功臣家，文臣何以得到？"勒令法司要彻底追查此事，发现上至胡惟庸下至六部属官都难辞其咎，负有罪责。这时的胡惟庸已经处在悬崖边缘了。

群臣看到胡惟庸已经失宠，不可能再为所欲为。洪武十三年（1380）正月，御史中丞涂节率先呈上奏折状告胡惟庸意图谋反。与此同时，被贬为中书省吏的御史中丞商暠，也告发了胡惟庸的阴谋。

朱元璋接到状告后大怒，下令廷臣轮番审问，之后就把胡惟庸处死了。

洪武十三年（1380），虽然胡惟庸被处死了，但是胡惟庸案远没有结束，对于胡惟庸的罪状一直都在搜集查证。

洪武十八年（1385），有人告发李存义和他的儿子李佑，曾经伙同胡惟庸密谋造反。虽然胡惟庸早已被诛，但李存义也遭牢狱之灾，一时间李家上上下下惴惴不安。但令李家没想到的是朱元璋对此事并未深究，仅仅是下诏命将李存义与李佑贬到崇明岛闲住。可能是因为朱元璋念李善长为功臣元老，才会特地从轻发落。朱元璋本以为李善长会感激不尽，不承想李善长对此事并未表示感谢，这令朱元璋非常不快。

胡惟庸案的查证从未停止，不时还有新的线索被发现。洪武十九年（1386），明州卫指挥林贤通倭被逮，他承认是奉胡惟庸之命下海通倭的，胡惟庸谋反案更加清晰了。洪武二十三年（1390），封绩被捕。封绩本是元朝时的旧臣，后来才降于明，传闻他经常于蒙、汉之间往来，还曾为胡惟庸给元嗣君送信。在信中胡惟庸自称臣，并恳请元嗣君出兵为其外应。其实早在大将军蓝玉出塞时，就曾捕获过封绩，但因李善长从中作梗，此事并未上报。这次封绩被捕，把李善长也牵扯了进来。

恰逢此时李善长为了自己年老享乐而大兴土木，向信国公汤和借三百卫士以充工人的匮乏。让士兵去干活，本事家常便饭之事。没想到的是汤和竟暗自向朱元璋报告了此事。李善长还为一个因坐罪徙边的亲信求情，本来朱元璋对李善长就非常猜忌，便直接命令将这名亲信抓获。一番审讯后，这名亲信招供出了不少李、胡两家之间往来的事情。朱元璋由此怀疑了李存义、李佑父子伙同谋叛的罪状，下命重新审讯李氏父子。

洪武二十三年（1390），李善长因"元勋国戚，知逆谋不举，狐疑观望，心怀两端，大逆不道。"被判处死刑，连同他的亲戚一门七十皆被斩。这之中只有李善长的长子李祺及两个儿子，因为临安公主的缘故，免除死罪，仅是流放。

与此同时，陆仲亨与唐胜宗、费聚、赵庸等侯爵被陆仲亨的家奴告发，曾与胡惟庸密谋串通。一场清除内患的大行动波及全国，经统计，共有三万余人被诛杀。就连宋濂的孙子宋慎也受牵连被杀。

为了抚民心，朱元璋特意出版《昭示奸党录》，发往各地，以告诫臣民以此为戒。至此，胡惟庸一案才落下帷幕，前后延续了近十年。

被诛十族的方孝孺

▶ 人物名片

方孝孺（1357—1402），浙江宁海人，明朝时期的大臣、著名的学者、文学家、散文家、思想家，字希直，号逊志，蜀献王朱椿将其读书的地方赐名为"正学"，因此世人称他为"正学先生"。福王朱由崧追谥其为文正。在"靖难之役"期间，因为拒绝为燕王朱棣草拟即位的诏书，刚直不屈，孤忠赴难，被诛十族。

▶ 人物风云

方孝孺自幼聪明好学，被乡人称呼为"小韩愈"。十五岁时随父兄北上济宁，励志攻读。他的父亲方克勤曾任济宁知府，后因空印案被杀。长大后拜大儒宋濂为师，深受器重。

洪武十五年（1382），东阁大学士吴沉和揭枢向朱元璋举荐方孝孺。方孝孺应征至京，在奉天门作《灵芝》《甘露》二诗，甚合上意。在宴会上，朱元璋为了试探其为人，命人刻意将桌子斜着摆放，方孝孺没有立马坐下，而是轻声地将桌子摆正。朱元璋见方孝孺不仅学识渊博，而且举止端庄，为人谦和，非常欣赏他。只可惜，因从小接受儒家思想的熏陶，他主张的以仁政治国思想违背了朱元璋以武力治国的政治方针，朱元璋并未重用方孝孺。洪武二十一年（1388），方孝孺被仇家陷害，被抓到京城审问。而当朱元璋看到方孝孺的名字时，网开一面，将其释放。

洪武二十五年（1392），方孝孺第二次受到他人的举荐，出任汉中教授一职。蜀献王朱椿非常赏识他，特地聘请他为世子师。

洪武三十一年（1398），朱元璋去世。皇太孙朱允炆继位后，召方孝孺进京，任命他为翰林侍讲。第二年，方孝孺升任侍讲学士，朱允炆拜他为师，每当读书遇到问题时便会向他请教，甚至一些国家大事也会征求他的意见。朝廷修撰《太祖实录》及《类要》等书目时，任命方孝孺为总裁。后来方孝孺又曾担任文学博士，与董伦、高逊志等主持京考。

当时，盘踞于各地的藩王实力逐渐增强，对朝廷的威胁日益增大。为了巩固中央集权，兵部尚书齐泰和太常寺卿黄子澄建议建文帝对诸藩王采取军事行动以削弱藩王的势力。

建文元年（1399）七月，驻守北平的燕王朱棣挥军南下进犯京师，建文帝不得不派兵北伐。燕王指挥有方，凭借强大的军事力量，逼得朝廷一步一步退让。

建文四年（1402），燕军终于攻到朝廷。谋士姚广孝向朱棣谏言说，即使我们攻下城池，方孝孺也绝不会投降。但是我们一定不能杀他，否则将是天下的一大损失。朱棣对方孝孺也是早有耳闻，他的学识品德更是传遍了四海，朱棣怎么不想利用方孝孺的影响力收揽人心。朱棣攻下京城后，许多旧官纷纷转头投靠于他。方孝孺却坚定自己的立场，绝不投靠朱棣。无可奈何的燕王只得将方孝孺打入大牢。期间朱棣曾多次派人到狱中说服方孝孺撰写新皇帝即位的诏书，但是这根本无法动摇方孝孺的心。就连朱棣派去的方孝孺的学生廖镛、廖铭二人都被方孝孺臭骂一顿，无功而返。朱棣无奈下令强行将方孝孺押解上殿，告诉他朱允炆早就死了，并劝他像周公辅助成王一样辅助自己即位。方孝孺披麻戴孝而入，悲恸大哭，并说应该是朱允炆的儿子或弟弟继位。朱棣含糊答道："你不要管，这是我们的家事。"见方孝孺不肯就范，朱棣只好命人强迫他写诏书。而方孝孺却提笔一挥，写下"燕贼篡位"。朱棣见状生气地说道："难道你不怕我诛你九族？"方孝孺毫无畏惧，说："有本事你诛我十族？！"朱棣大怒，将方孝孺打入死牢，并大肆搜捕他的亲属。行刑当日，他的亲属被押往南京聚宝门外的刑场，当着方孝孺的面一个一个杀死。

靖难之役的策划人姚广孝

人物名片

姚广孝（1335—1418），是元末明初的政治家、高僧，出生于苏州长洲县，他的祖父和父亲都是乡间郎中，可以说是行医世家。元至正八年（1348）出家为僧，法名道衍，字斯道，自号逃虚子。明成祖朱棣自燕王时代起的谋士、靖难之役的主要策划者。

人物风云

姚广孝是明朝历史上的一个奇人。他出生于医生世家，却爱钻研谋略；不用为吃饱穿暖而操心，但是从小就离家出走；他既入空门，却偏对政治感兴趣；他既不辅佐明太祖又不助建文帝建国，却竭尽全力辅佐燕王。但是在燕王登基称帝后，他却低调地退出历史舞台，这都说明了他是一个奇人。他从未参加科举考试，但对儒、释、道家思想全面掌握，上知天文下知地理，言无不中，所以人们称之为奇才。在辅佐燕王的时间里，他运筹帷幄、算无遗策、屡建奇功，凭借其卓著功勋而留名青史。

元至正八年（1348），仅仅十四岁的姚广孝到家乡附近的妙智庵当了和尚，取法名道衍。但他做官的愿望没有因为做了和尚而泯灭，他一直在研究兵法。后来，著名道士席应珍收他为徒，授予他《易经》、方术。姚广孝终日研究排兵布阵、用兵伐谋。一日，姚广孝在嵩山遇上了袁珙（元末著名的相面先生）。袁珙说他是"形如病虎，性必嗜杀"的"异僧"，与元世祖忽必烈的名僧刘秉忠是一类人。姚广孝听后不但没有不高兴，反而更加坚定了干一番大事业的信念。

洪武十五年（1382），朱元璋的结发妻子马氏不幸病逝。为了向马皇后祈福，朱元璋到处寻找高僧，并且让他们在皇子的封地里诵经祈福。凭借时任僧录司左善世宗泐的推荐，四十七岁的姚广孝进入应征之列。姚广孝到南京见到燕王朱棣后，两人言谈颇为投机，相见恨晚。没过多久，姚广孝随燕王来到北平。他以主持的身份住进庆寿寺的同时还经常出入燕王府，与燕王密谈国事，成为燕王最亲近的心腹。

洪武三十一年（1398），朱元璋病逝，皇太孙朱允炆继位登基。建文帝登基后，着手开始削藩。姚广孝意识到自己立功的机会到了，便鼓动朱棣起兵反叛，还向朱棣推荐相士袁珙和卜士金忠，以此为朱棣树立信心。朱棣便暗自招兵买马，勾结许多军中将士，还秘密地在宫中制造武器。姚广孝特意把兵器场安置在地下以防止泄密，还养了一群鸭鹅，以掩盖锻造兵器和士兵操练的声音。

建文元年（1399）七月，燕王以"清君侧、诛齐黄"为名发起"靖难"之役。虽然姚广孝只是留守北平，但事实上整个战争都有他的参与。建文二年（1400），朱棣带领部队围攻济南，但一直攻不下来。姚广孝命人快马加鞭地给朱棣传口信，鸣金收兵。之后，姚广孝提出轻车简从，避开大城市，直接进军南京。不出姚广孝之料，建文四年（1402），朱棣攻克南京之后立即登上了梦寐以求的皇帝宝座。朱棣认为"靖难"之役中姚广孝虽然没有亲临战场与将士们出生入死，但指挥有方，首功非姚广孝莫属。他恳请姚广孝还俗，还专门赐予姚广孝豪宅美女。但姚广孝坚信功高震主，拒绝还俗，只是答应继续在宫中为官。朱棣见其心意已决，便任命他为僧录司左善世。朱棣把他当作最重要的谋士与心腹，凡是朝中遇到重大事务，必定与其商讨。此外，姚广孝还和解缙等人主持编纂了《永乐大典》。

永乐二年（1404），姚广孝被任命为太子少师，复其姓，赐名广孝。同年八月，姚广孝回乡省亲访友，却落得众叛亲离。

永乐十六年（1418）三月十八日，姚广孝因积劳成疾于庆寿寺病逝。朱棣下令辍朝两日为姚广孝致哀，还尊重姚广孝的意愿，以僧礼下葬，并追赠他为推诚辅国协谋宣力文臣、特进荣禄大夫、上柱国、荣国公，赠谥恭靖。

两袖清风的忠臣于谦

> 人物名片

于谦（1398—1457），字廷益，他官至少保，因此世称于少保，是明代的一位名臣，中国的民族英雄。以清廉著称，但因被奸臣诬陷而入狱，最终被杀害。

> 人物风云

永乐十九年（1421）中进士。宣德元年（1426）被授予御史的官职，巡按江西，后来又被封为兵部右侍郎，河南以及山西的巡抚。正统十三年（1448）又奉诏任兵部左侍郎。后来又赶上瓦剌和明朝交战，明军在土木堡大败并且英宗皇帝被瓦剌军俘获的消息传到京城后，太后和皇后焦急不安。她们想，国不能一日无主，当务之急是把皇帝赎回来。于是派太监暗地里送给瓦剌军一大批珍贵的金银珍宝、绫罗绸缎。谁想到瓦剌军收下了这些金银财物后，却食言不放明英宗。京城里留下的守兵本来就不多，京城大街上还经常有那些在土木堡逃出来的残兵窜来走去，更增加了京城人的恐惧感。

为了先稳人心，郕王朱祁钰被皇太后下懿旨代行皇帝职权，并四处召集应对瓦剌军的良策。无奈大臣们都想不出个好办法。有个叫徐有贞的大臣提出："现在我们的军队不足以抵抗瓦剌军，如果瓦剌军杀到京城，我们根本守不住京城。要不咱们先到南方避一避锋芒，待养足了精神，有足够的力量抵抗瓦剌军时，再进行反攻。"

时任兵部侍郎的于谦听到这话怒发冲冠，厉声说道："这话太荒唐了。如果我们连京城都没了，还怎能称为一个国家？朝廷南迁就意味着大明朝的气势被打倒了。南宋将朝廷南迁失了京城、丢了国土，最后被元兵消灭，就是个最典型的例子，我不会任由大明朝重蹈南宋的覆辙！"这一番话得到了太后和众臣的赞同。之后，于谦升任兵部尚书，全权负责京师防御。

于谦出生于浙江钱塘（今浙江杭州），从小就有鸿鹄之志，把宋朝的文天祥当作自己心中的榜样。经过刻苦的学习，他终于考中进士，步入仕途。在他还是个地方官的时候，他就公正执法，一心为民。

在任河南巡抚时，他放粮赈灾，关心人民的疾苦，受到百姓的拥戴。当时的朝廷极其腐败，宦官王振只手遮天，贪污受贿风气成了主流。朝廷大臣争相献金求媚，而于谦从未送任何礼品。有人劝他说："您不肯送金银财宝，难道不能带点土特产吗？"于谦笑着摆摆衣袖说："我有的只是两袖清风。"由于于谦的刚正不阿，从来不献媚讨好王振，从而得罪了王振，王振就想着发难整他。但他实在抓不到于谦的把柄，只好让手下诬告于谦谋反，并将其打入死牢。于谦曾任职过的地区的百姓一听说于谦遭小人陷害而入死牢后，群民共愤，联名上书，要求释放于谦。王振迫于百姓的压力，只好放了于谦，并且让其官复原职。

于谦在这次京城危急来临的时候，积极担负起守城重任并主张坚持抵抗瓦剌军的进攻。他在京城和附近各关口加强了防守兵力，调兵遣将，严整军中纪律，还揪出瓦剌军在军中的奸细，做足了战斗的准备。

一天，监国郕王上朝时，大臣们一致要求公布王振的种种罪状并诛杀之。虽然是监国，但毕竟不是真正的皇帝，不敢私自做这个主。王振的同党马顺见不宣布，大臣们就不肯退朝，就想喝退众臣。没想到这一喝激起了众臣的愤怒，从臣一拥而上把他揪下来一阵拳打脚踢，把对王振的气都出在马顺身上。结果马顺被打死，成了王振的替死鬼。

朱祁钰被这阵势吓得欲起身离去。于谦赶忙拦住了他，说："马顺等人罪该诛死，打死勿论。"众人听到方止，于谦稳定了当时的混乱局面。

瓦剌军抓去了明英宗，并不杀他，却总是以明英宗为挡箭牌来扰乱明朝。群臣们想着英宗短时间内回不来，朝廷也不能总是没有皇帝。于谦带头向太后请求任命朱祁钰做正式的皇帝，而改称久不能归的英宗为太上皇。就这样，朱祁钰稀里糊涂地成了皇帝，史称明代宗。

瓦剌军知道明朝换了新主，还是不甘心，以送还英宗为借口向京城进军。很快，瓦剌军安营扎寨于西直门外。于谦召集各路将领前来商讨应敌良策。大将石亨提议暂时撤回城外守城的守军，紧闭城门，等些时候敌人自己就会撤走。

于谦听后反对道："这么做无异于长他人威风，我们应该掌握主动权，先于敌人进攻，让敌人的嚣张气焰消失。"于是下命令调遣诸将带领二十二万兵士在城门外布阵，而他亲自驻守德胜门外。

待到将士全部出城后，于谦为了告诉全体将士没有退路，只有拼死一战，下令关闭全部城门。还颁布了一道军令，无论将领兵士，凡是临阵脱逃者，一律斩首。全军士气大增。

瓦剌军耐不住了，先后发动几次进攻都无功而返。在同明军连续五天的厮杀中，就连城外的百姓也来助战。瓦剌军连遭几次惨烈的败仗，不敢蛮战，慌忙撤退。整场战斗下来明军大获全胜。

因于谦在保卫京城的战争中功不可没，受到群臣的爱戴，明代宗也很敬重他。瓦剌军惨败而归后，元气大伤，军队所剩无几，见留着英宗也没用了，索性放英宗回了北京。

明英宗回到京城七载，却一直只是个太上皇，手里没有实权。天顺元年（1457），正赶上明代宗得了久治不愈的大病，徐有贞和石亨乘机勾结宦官，带兵冲进宫里，逼着代宗退位，拥戴英宗复位。没多久，代宗就去世了。

因之前北京告急的时候，徐有贞、石亨都曾遭到于谦的驳斥，两人早就看于谦不顺眼。这回他们英宗帮助复了位，一直在英宗面前说于谦的坏话。明英宗也因为于谦帮助代宗称帝而耿耿于怀，记恨于谦，竟无视于谦立下的汗马功劳，判他一个莫须有的罪名，罢官杀死。京城百姓听说于谦被害后非常悲痛。至今，人们还没有忘记他的事迹。

专擅媚上的奸佞权臣严嵩

人物名片

严嵩（1480—1567），字惟中，江西分宜县人，他是明朝的重要权臣，位高权重，但是他为官专擅媚上，窃权罔利，并且大力排除异己，还侵吞军饷，使边防废弛，激化了当时的社会矛盾。晚年，被明世宗疏远，抄家去职。

人物风云

严嵩既是明世宗时期重要的权臣，也是中国历史上著名的权臣之一。严嵩在孝宗在位时考取进士，不久之后却隐居故里，他于武宗时期还朝复官。世宗继位后，因一味沉迷于道教方术而移居西苑，提升严嵩为内阁首辅。在此之后的二十年中他擅专国政，后为世宗被抄家去职。严嵩利用自己职务之便窃权罔利，大力排除异己，导致当时的社会矛盾激化。《明史》称严嵩"无他才略，惟一意媚上，窃权罔利。"但同时也有夸赞他的，说他"于诗文，各极其工""字字皆诗，句句有味"。

严嵩，于成化十六年（1480）在江西袁州府分宜县（今江西分宜县）出生，家境贫寒。严嵩从小便非常聪明，非常善于作对。弘治十一年（1498），严嵩参加乡试并中举，那时的他仅仅19岁。弘治十八年（1505）参加会试并考中二甲进士，被选为庶吉士，入翰林院学习。

正德二年（1507），严嵩授翰林院编修。不久，因丁忧回籍守制。刘瑾擅权后受焦芳的挑唆，朝廷排斥南方士大夫，并明确提出"毋得滥用江西人"。这导致严嵩丁忧期满后没有回朝，而是隐居于其家乡钤山之麓建钤山堂读书八载。在这八年中，严嵩过着悠闲的田园生活，作诗"一官系籍逢多病，数口携家食旧贫"。而"近知理俗事，学种南山田"也反映了他当时的生活情况。期间他还著作了《钤山堂集》，并总纂了《正德袁州府志》，其诗文峻洁，声名愈著。

正德十一年（1516），严嵩复官回朝。回朝后严嵩批评了武宗宠信权宦、沉迷享乐、大肆修造宫殿，给人民带来的沉重负担。正德十六年（1521），世宗朱厚熜即位后不久，严嵩被提升为南京翰林院侍读，署掌院事。

嘉靖四年（1525），严嵩升国子监祭酒，从南京迁回北京。当时由于"大礼议"一案，许多地位较低的官僚借机升迁，而当时在翰林院任职的严嵩并没有像大多数翰林官那样坚决拥护杨廷和等人的主张。嘉靖七年（1528），严嵩受世宗派遣前往湖广安陆（今湖北钟祥）监立显陵碑石。回来后，严嵩上呈两道奏折。一道叙述了途中所见祥瑞，另一道则讲述了河南灾区的情况，因为进献符瑞，是世宗所乐于接受的，而救灾安民，也是世宗当时所关心的，所以两篇奏折均受到嘉奖。这让世宗非常欣赏严嵩，不久便提拔他为吏部左侍郎。

嘉靖十一年（1532），严嵩被提拔为南京礼部尚书，又于两年后任南京吏部尚书。

嘉靖十五年（1536），严嵩赴京朝觐时，因受到内阁首辅夏言的推荐，世宗将其任为礼部尚书兼翰林院学士。夏言与严嵩是老乡，又有师生之谊。但夏言仗着比严嵩早发达，又有引荐之恩，傲慢无礼地对待严嵩，只把他看作门客，从此两人关系迅速恶化。与此同时，由于世宗对议礼的重视，便渐渐频繁地和严嵩接触。

嘉靖十七年（1538），有人上疏奏请献皇帝庙号称宗，以入太庙，包括严嵩在内的许多大臣都想阻止。世宗非常生气，著《明堂或问》，严厉地质问群臣。严嵩见风使舵，改口"条划礼仪甚备"。通过这件事严嵩学会了如何以勤勉温顺，博得了世宗的好感。但同时，夏言因坚持拒服道冠法服等事让世宗感到非常不满。严嵩借机在世宗面前说夏言的坏话，以除去夏言。

嘉靖二十一年（1542），夏言被革职，而严嵩则以礼部尚书兼武英殿大学士的身份进入内阁参与朝政，同时仍掌礼部事务，并且被加封少保、太子太保的头衔。第二年，吏部尚书许赞、礼部尚书张璧两人也进入内阁同严嵩一起参与机务。但世宗只与严嵩商讨大事，导致严嵩完全不把许、张二人放在眼里，凡事独断专行。

嘉靖二十三年（1544），严嵩取代了因事被削籍的翟銮成为首辅，并先后被加封太子太傅兼吏部尚书、谨身殿大学士、少傅、太子太师、少师，获得了文臣所能获得的最高荣誉地位。

嘉靖二十四年（1545）十二月，许赞因病离职，张璧又死，夏言又重新被世宗起用入阁。夏言入阁后，一如既往任首辅一职，与严嵩受到的待遇大相径庭。虽然严嵩心中非常不甘，对夏言却表现得十分谦恭。严嵩用谦恭打败夏言，又用谦恭维持了世宗对他长期的恩宠。

嘉靖二十五年（1546），曾铣作为总督陕西三边军务，提出收复被蒙古鞑靼部占领的土地肥美、灌溉便利、适宜农桑、具有重大军事意义的河套地区的计划，得到夏言的支持。本来世宗是赞同这个提议的，还训斥了持反对意见的官僚。但是，严嵩利用世宗朱厚熜害怕蒙古鞑靼军的心理，背地里说这个计划是"好大喜功""穷兵黩武"。世宗竟然信以为真，改变了对这件事的立场。

嘉靖二十七年（1548），夏言被世宗革职。严嵩又利用掌管锦衣卫的都督陆炳、总兵官仇鸾与夏言、曾铣两人的矛盾，诬陷夏言、曾铣两人交结为奸，害死了两人。严嵩在夏言死后，如愿以偿成了首辅，独自掌管了整个内阁。严嵩一边排斥异己，一边极力培植死党，还在机要部门安插了亲信，以巩固自己的权利。严嵩周围聚集了一批恶官，许多人都依仗着他，相传他有三十多个干儿子。严嵩任命其义子赵文华任通政使，以控制负责呈送奏章的通政司，所有上呈的奏折必先经严嵩阅看，然后才上奏。

严嵩利用自己的权利之便，贪污纳贿，无恶不作。严嵩擅权专政期间，每天都有许多人到他家行贿。而且，严嵩父子在各地都有无数侵占的豪宅、良田。

许多官吏通过贿赂严嵩以保官升职，其中不乏戍守边疆的将士，把驻边军粮大半贿赂了严嵩，以致军士饥疲，边防大坏，无力抵御蒙古鞑靼部军队的骚扰，造成了北方鞑靼和东南倭寇对明朝的严重威胁。嘉靖二十九年（1550），鞑靼部俺答汗甚至率军直接攻到京城郊区，对京城造成巨大威胁。

许多正直的官员对严嵩父子这种行径感到非常愤慨，纷纷上疏揭露其罪恶嘴脸。

嘉靖三十年（1551），锦衣卫沈炼上疏说道：之所以鞑靼部俺答汗能攻到京郊如入无人之境，都是因为严嵩。沈练还直言不讳指出严嵩无数重罪，并恳请皇上诛杀奸臣严嵩。

嘉靖三十一年（1552），世宗逐渐开始冷落严嵩，曾四次在大臣入值时，不曾被宣召，并且当他试图随同其他阁臣进入西苑时，也遭到卫兵的阻拦。

嘉靖三十二年（1553），兵部员外郎杨继盛把严嵩的主要罪行归纳为十大罪、五大奸，并进行了全面的揭发。不承想，严嵩利用世宗拒谏护短的毛病，混淆是非，颠倒黑白，不仅使自己毫发无损，而且还对那些忠臣们进行了严酷地迫害和打击。其中最倒霉的就是沈练，不光被廷杖、贬谪，最后又被冠以罪名遭到杀身之祸。而杨继盛也被世宗以诬陷大臣罪廷杖一百下狱，严嵩变本加厉，无中生有，把杨继盛牵扯另一案中处以死刑。

嘉靖四十一年（1562），严嵩的夫人去世，作为他得力助手的严世蕃，因为要回家守孝，无法再打理朝政。世宗也因为82岁高龄的严嵩在接到诏书时往往不知所云，所以日益宠信徐阶，这时候在世宗心目中，严嵩的地位也逐渐下降。有一天世宗问谁是小人，山东道士蓝道行答说："贤如徐阶、杨博，不肖如嵩。"善于投机的御史邹应龙恰巧知道了这事，于是就上疏攻击严嵩、严世蕃父子。同年五月，严嵩被革职，严世蕃下狱，由徐阶担任内阁首辅。

严嵩被革职抄家后，无家可归，在寄食于墓舍期间贫病交加，于隆庆元年（1567）去世。

宦海沉浮的首辅夏言

> 人物名片

夏言（1482—1548），字公谨，江西贵溪人。明正德年间的进士。初任兵科给事中，因正直敢言而闻名。世宗继位之后，因上疏陈述武宗时期的弊政，而受到皇帝的赏识。裁汰亲军及京师卫队冗员三千二百人，清查皇族庄田，悉夺还民产。他豪迈强直，纵横辩博，受到皇帝恩宠而升至礼部尚书兼武英殿大学士入参机务，没过多久，又擢为首辅。嘉靖二十七年议收复河套一事，与曾铣先后被杀。他的诗文宏整，又以词曲擅名，代表作有《桂洲集》。

人物风云

夏鼎是夏言的父亲，在临清任知州。夏言天生聪明过人，从小受到父亲的影响，具有深厚的文化底蕴，很会写文章。夏言在他35岁时（正德十二年，公元1517年）考中进士，从此，开始了为官生涯。

一开始，朝廷授夏言为行人，不久，便迁兵科给事中。他正直敢谏，不怕担责任的性格让他成为一名言官。正德十六年（1521），明世宗刚登基，夏言便上疏说："正德年间，朝廷的言路让一些乱政的小人阻塞。臣恳请陛下每日亲理朝政，并亲自审阅表章奏疏，所有的大事都应群臣们共同商议，万万不可只听信一面之词。您对臣下的惩罚，也应于内阁一并研究后再实施，便可杜绝欺诈的弊端。"明世宗听后立即采纳了他的建议，并对他的敢于直言进行嘉奖。之后，还命夏言同御史郑本公、主事汪文盛等一起考核，亲自核查后淘汰亲军及京卫人员冗员3200人，一时间轰动京城。

世宗刚即位的短短几年中，夏言偕同御史林继祖等出京勘查庄田，夺回了全部朝中权贵侵占民间的田产并归还于百姓。在弹劾宦官赵灵、建昌侯张延龄时，夏言多次奏疏要求禁止皇亲赐田于贵戚，还要求禁止将百姓田产占有以投献给王府的奸官的行为。夏言的这番言论，在民间传为佳话。不久后夏言被提升为兵科都给事中。

正当夏言权势中天时，以谄媚起家，逐渐获得世宗信任的奸臣严嵩成了他强有力的对手。夏言、严嵩随从皇帝拜谒墓陵完毕，严嵩猜测到皇帝的意向后，再次坚持请求举行上表庆贺之礼，而夏言却提议回京后再上贺表，这使得世宗心里不高兴。从此之后，夏言在皇帝心中的地位一天不如一天。

皇帝巡幸大峪山时，夏言因伴驾时迟到了，遭到世宗严厉地责备："我一次一次地提拔你，而你不但不念圣恩，反而怠慢不恭。"世宗还让夏言交还所赐之物。夏言以恳切之词谢罪并恳请不要没收所赐之物。世宗却怀疑夏言擅自毁掉所赐之物，更是急命礼部追缴取回，并让其以少保、尚书、大学士的身份致仕。

夏言无奈只得赶忙将手谕四百余份及银章一起上呈。过了几天，皇帝气消了，让他复职办公。

这时，严嵩凭借柔媚巧语取悦世宗，比夏言更加得宠。夏言怕因失宠而被斥退，便想与严嵩谋划对策。怎知这个时候的严嵩正思量着怎么将其清除并取而代之。夏言知道这事后暗示言官弹劾严嵩，世宗却没有听，严、夏两人关系从此决裂。一段时间之后，严嵩在世宗的面前控诉夏言对他的"欺凌"。皇帝听后叫他详细陈述夏言之罪犯过失上呈。在这时却出现日食，皇帝以为这是上天对以下欺上罪过的惩戒！于是着令削夺夏言官职，同时降职罢免十几人，而严嵩代替了夏言在内阁的位置。

夏言因失去权势而非常苦闷。一段时间过后，世宗觉得在夏言的问题上处理得有些过分，又复命夏言任礼部尚书、武英殿大学士之职。这时的严嵩仗着得到世宗欢心，无恶不作。严氏的恶行渐渐被世宗知道。这时的世宗开始怀念夏言。世宗于嘉靖二十四年（1545）冬召夏言还朝，并加少师封号。夏言获得比严嵩还高的地位。

再度担任首辅的夏言，非常不愿意与有着恶劣品行的严嵩合作，处理政务时从不同严嵩商量。夏言查清严嵩掌权时所任用的亲信后将其全部赶走。严嵩的贪横早就引起朝中士大夫的怨恨，他们对夏言的所作所为感到高兴。可惜夏言未能把握住这种对他有利的形势。

夏言刚复出的时候，处处打压严嵩，得到朝中士大夫的好感。夏言严厉处罚了一批官员，其中有一些是严嵩党羽，但实际上还有一些是过失不大的官员。因为过于严厉的处罚，夏言逐渐失去了士大夫对他的信任。可他完全没有觉察到这些变化。世宗经常派小太监出宫传达谕旨，每当夏言见了这些小太监，像对待仆人一样，从没有好脸相对。而严嵩却截然相反，每次小太监来到府上，他总是嘘寒问暖、热情款待。还经常用黄金贿赂他们，让他们在世宗耳边尽说严嵩的好话，小太监们还经常把宫中的一些消息带给严嵩，而夏言却根本不知道宫中的内情。

因为世宗信奉道教，夏言与严嵩都以"青词"发迹。"青词"是在斋醮仪式上写给"天神"的奏章。早年的夏言文笔很好，世宗很赞赏他写的"青词"，但夏言复出后将"青词"视为苦差事。每次世宗半夜分别派去察看他们的探子回来都说，夏言早早便睡觉了，而严嵩依靠"内线"的情报，每次等世宗派人来察看时，常常半夜仍坐在案前点灯琢磨"青词"。于是严嵩越来越受到世宗的喜欢，而夏言慢慢失去了世宗的信任。

这年，陕西总督曾铣向世宗提出收复河套的建议，夏言赞同曾铣的建议，于是劝说世宗接受曾铣出兵收复河套的建议。世宗听后也产生了收复河套的想法，但是世宗对打赢这场战争毫无把握，犹豫地对夏言等人说："河套之患已经有很长时间了，不知此时计划收复成功的把握有多大？"严嵩见状上疏说："敌方实力强大，很难取得胜利，河套恐难收复。而且一开战，军费非常昂贵。"这几句话，扑灭了世宗心中收复河套的想法。严嵩在奏折不仅顺应世宗心中的意思提出反对意见，而且还暗示夏言以势压人，以至于群臣不敢多言。

夏言闻之为自己辩护道："当初商议收复河套时，严大人也曾参加，但并没有反对。如今却推卸责任到我身上。"严嵩又上疏攻击夏言，同时网罗罪名以趁机打倒夏言。夏言心中不服，一面上疏为自己辩护，一面反抗严嵩。殊不知，此时世宗早已对夏言不耐烦了，见夏言不肯认错后大怒，下令停止一切有关收复河套的准备工作，并逮捕总督曾铣。世宗还辞去夏言的其他职务。

严嵩并不满足于夏言只是离开京都，而是决心置他于死地。于是严嵩便让他的亲信在京城中散布谣言，说夏言临去时咒骂皇上、牢骚满腹。这些谣言不久就传到世宗耳中，欲杀之。不久之后，世宗拿到一道由严嵩起草、署名却是仇鸾的奏疏。奏疏上弹劾了曾铣隐瞒败绩、贪墨军饷，并贿赂夏言岳父苏纲，让苏纲行贿夏言以隐瞒罪行一事。仇鸾曾经被曾铣告发贪污而入狱，与曾铣有仇，所以他欣然答应严嵩陷害夏言的事。

世宗对此深信不疑。判曾铣以"交结近侍"的罪名斩首，将苏纲流放，并将夏言逮捕入狱。夏言上书申冤道："仇鸾早就被逮入狱，怎么能知道皇上前二日说的话？奏疏与严嵩的口气如此吻合，这分明是严嵩等人在合谋陷害我！"而这时的世宗，怎么会听进去他的辩解。结果，夏言被投入大牢，他的妻子苏氏发配广西，子孙剥夺官职成了平民百姓。严嵩还不满于此，又在世宗面前说夏言坏话。世宗终于下定决心，嘉靖二十七年（1548）冬，67岁的夏言被斩西市。

严嵩倒台后，隆庆元年（1567），夏言家人上书诉说夏言冤状，要求平反。穆宗下诏，追复夏言原官，特赐祭葬，追谥"文愍"。

有技难施的首辅叶向高

> 人物名片

叶向高（1559—1627），字进卿，号台山，晚年自号福庐山人。福建福清县人。于明世宗嘉靖三十八年（1559）生，于明熹宗天启七年（1627）卒。叶向高是明朝的政治家，曾在万历后期至天启年间担任首辅一职。

> 人物风云

叶向高出生于在福清一个普通的平民家庭。父亲叶朝荣，曾任养利（今属广西）知州。叶向高出生时，正值我国东南沿海一带兵荒马乱，倭寇横行。叶向高的母亲身怀六甲，四处逃难，后来在路旁一个厕所中生下了他。出生后的叶向高更是灾难频频，多次徘徊在生死边缘，幸运的是没有伤及性命。身在不幸的时代，使叶向高度过了一个辛酸的童年。也许正是由于生活环境的艰难，叶向高从小就乖巧懂事，在父母的催促之下，更是发愤读书，希望将来可以参加科举，步入仕途，出人头地。

经过多年的艰苦努力，万历十一年（1583），24岁的叶向高在科考中一举成名，高中进士，被授予庶吉士之职。叶向高的官宦生涯就此开始了。

神宗在位时期间，荒于朝政，贪图享乐，生活奢靡，历年国库积存的钱财都会被他挥霍一空。在金钱短缺的时候，神宗为了满足他自己的私欲，还想着法子捞钱。

万历二十四年（1596），神宗下令在各地开采银矿，并派出矿监专门负责此事。这些矿监每到一个地方，就逼迫那些贫民当苦役，致使很多农民难以维持生计。而神宗下令所设的税使，更是设立各种名目，恣意剥削，百姓们苦不堪言。叶向高在目睹这些情形后，请奏神宗停罢矿监、税使，给百姓们一条活路。但由于此事阻碍了一些人的利益，奏章被扣下了，没有向神宗报知。

万历二十六年（1598），叶向高被召担任皇长子侍讲学士，任命为詹事左庶子。不久，叶向高被提升为南京礼部右侍郎。几年之后，又被改任为吏部右侍郎。这个时候，叶向高再次上书请求罢免不合理的矿税制度和惩治作恶多端的辽东税监高淮，由于叶向高与首辅沈一贯主张有所偏差，最终以无果告终。

沈一贯被罢官后，神宗下令增补内阁大臣。万历三十五年（1607）五月，叶向高被提拔为礼部尚书兼东阁大学士。第二年，由于内阁首辅朱赓去世，而次辅李廷机因人言一直闭门不出，此后叶向高便成了首辅。

神宗是一个昏庸无能，不理朝政的皇帝。大臣之中甚至有挂空名不任职的事，有一些衙门甚至空无一人，也不增补官员。由于皇帝整日不上朝，大臣与皇帝多年难见一面，致使朝廷之中渐渐形成相互对立的党派。宦官更是仰仗皇帝宠信，目中无人，欺压百姓，耀武扬威，四处搜刮民脂民膏，天下为之所苦。面对江河日下的朝政，叶向高忠心耿耿，怎奈生不逢时，空怀一颗报国心。但是他不甘沉沦，要奋力一搏，为没落的明王朝奉献自己的力量。

万历三十五年（1607），叶向高刚到内阁，就向神宗上奏，希望他能恢复万历初期的善政，使大臣们能各就其位，各司其职，各行其是，改变当前的状况。神宗见到奏折，只是翻了几下，并不理会奏疏。神宗早已无力理国事，无心爱臣民，心中已无国家，更无子民，他关心的只是自己糜烂的生活。叶向高在如此打击下，五个月后便上交辞呈。

他说："我知道古来导致国家衰败的原因很多。但是还没有上下隔绝、内外背离到今日这种程度的。一旦有事变发生，朝廷内外有什么人可以依靠；哪项钱粮可供支付；哪处兵马可以杀敌；哪方百姓会对朝廷感恩戴德，效死于前呢？想到这些，怎能不令人寒心呢！"

叶向高上交辞呈后要走，可神宗并不放行。既然走不了，叶向高只好再待一段时间。过了不久，叶向高以考核官员、填补空缺之事向神宗上疏，神宗却以要先审查为由将叶向高搪塞过去。叶向高不甘心就此罢手，他又上疏催促神宗尽快施行，不要再拖延了，神宗却拒绝得更加彻底。

在接下来的几年中，叶向高的奏折为了这个并不算太苛刻的要求伤透了脑筋。他的奏疏一篇篇呈上去，但结果都是石沉大海。神宗的态度是：朝廷既不补缺官，也不轻易放走在职之官。

万历三十七年（1609）五月，叶向高再次上奏，陈言时局危急，自己年高体病，需请求早日选补阁臣，以全内阁为由上奏神宗。这时，建州女真族首领努尔哈赤已经控制了辽东，山东、直隶一带也发生了大规模的农民起义，形势已迫在眉睫，可是神宗反应十分迟钝。叶向高再也按捺不住了，七月初七日，他再次上奏神宗乞求增补阁臣，并因病申请退休。叶向高说："朝廷大臣基本上已经走空，全国的官员，从上一年秋天至今，没有再启用任何一个人。皇上整日不理朝政，自认为天下如此会长治久安，臣认为，如果发生什么祸端，将一发不可收拾！"叶向高的言辞尖锐，但没有一次能刺激神宗麻木的神经。

从万历三十六年（1608）起，直到万历三十九年（1611）止，叶向高不断请求增补阁臣，终于得到神宗的准许。但是真正选用新阁臣，已是万历四十一年（1613）的事了，这距叶向高初次疏请增补阁臣，已经过了五年。

万历四十二年（1614）八月，叶向高经神宗允许后离职。这时的叶向高因三年考绩优异，晋升到太子太保，文渊阁大学士，其后改任户部尚书、武英殿大学士。然后他又被加封少傅兼太子太傅，再改吏部尚书，晋建极殿大学士，加封少帅兼太子太师。此后不久，神宗赐叶向高白金百两，并派人护送叶向高归还故里。

临行前，叶向高再次向神宗作了自己最后一次苦谏，但还是没有喊醒醉生梦死的神宗。就这样，空怀一腔忠贞的老臣叶向高，回到了故乡福清。

叶向高在故乡待了六年，感慨万分。不久，熹宗即位，又降诏催他入朝，叶向高推辞不得，只好又走马上任。

天启元年（1621），年事已高的叶向高回到北京，再度被任命为内阁首辅。时至今日叶向高像一头老牛，再一次被套上了鞍辔，去拉拽熹宗朝这辆辕条欲失的破车。但叶向高为人正直，自己既然已经接任了，就得努力去做，这是叶向高做人的原则。刚上任，他就给年轻的明熹宗上了一份奏疏，劝诫他颁布诏旨要慎重，初登基的小皇帝点头称是。

熹宗刚即位之时，起用了一些贤人能臣，全国上下出现了一段太平日子。然而，熹宗还年轻，不辨忠奸。朝廷的大权这时已经被太监魏忠贤和皇帝的乳母客氏所窃取。他们诱导熹宗小皇帝骑马射箭，留恋声色，加上熹宗小皇帝本人是个喜爱木工活的角色，对枯燥的政务不感兴趣，所以皇权自然便旁落到这些人的手里。魏忠贤这些人把持内阁，排斥异己，迫害朝中正直的大臣，连叶向高这样德高望重的两朝老臣也被架空了，内阁的罢免权力也被魏忠贤操纵。

天启四年（1624）六月，杨涟进谏熹宗，上疏弹劾魏忠贤二十四条大罪，朝廷大臣也相继数十次上疏熹宗抗争，这个时候有人劝叶向高告发魏忠贤的罪状，这样皇上一定会将魏党之流除掉。但叶向高顾虑到魏忠贤的权势，只是上奏说皇上过于宠信魏忠贤，加上魏忠贤干涉朝政，应当罢免他的职务，让其回家养老。魏忠贤听说此事后，很不高兴，从此对叶向高更加怨恨，但叶向高乃两朝元老，德高望重，魏忠贤有所畏忌，不敢加害叶向高。但魏忠贤早已下定决心，要大规模清理东林党。之后不久，御史林汝翥因反对阉党而遭廷杖，林氏只好远走投奔到遵化巡抚驻所。有人说林氏是叶向高的外甥，阉党以此为由派出一群太监，整日围在叶向高的住宅前，大肆谩骂。叶向高难以忍受如此的羞辱，极力恳请辞官。于是熹宗加封叶向高为太傅，并派人护送其回乡。

叶向高罢官回乡后，进入内阁之中的都是小人，清明廉正的大臣无所倚靠。首先，杨涟、左光斗等人遭到诬陷，先后惨遭迫害致死，朝中无人敢言魏忠贤之恶。朝中正直的大臣多被降调革职，善良正直的人敢怒不敢言。

天启七年（1627）八月熹宗驾崩，叶向高也在同月去世，享年69岁，被赠太师，谥号为"文忠"。

多灾多难的杨士奇

人物名片

杨士奇（1366—1444），江西泰和县人。杨士奇官至礼部侍郎兼华盖殿大学士，兼兵部尚书，历五朝，在内阁为辅臣四十余年，首辅二十一年。与杨荣、杨溥同辅政，并称"三杨"，因其居地所处，时人称之为"西杨"。"三杨"中，杨士奇以"学行"见长，先后担任《明太祖实录》《明仁宗实录》《明宣宗实录》总裁。

人物风云

由于元末兵荒马乱，杨士奇一家从祖籍江西泰和避难搬至于袁州。因为常年在外流亡，父亲杨美没能够充分照顾他，更不幸的是，当杨士奇不到两岁时，他的父亲就客死在他乡了。但他自幼接受母亲陈氏的教导，熟读《孝经》《大学》等书，加上个人天资聪颖，每天他能学很多东西。

后来，他的母亲改嫁给当时任德安同知的罗性。由于杨士奇随母住入罗家，也就改了罗姓。有一次，杨士奇因为看到罗家祭祀先祖的场面，不由得想到了自己曾经悲惨的经历，不觉潸然泪下。随后，年幼的杨士奇竟然把土做成神位的样子，把它放在一个没有人注意的屋子里，偷偷祭拜自己的祖先。不久这事就让罗性发现了，他非但没有责备他，还为杨士奇的举动所感动，就让他恢复杨姓。

然而，好景不长。洪武六年（1373），罗性任满准备赶赴南京述职，却因莫须有之罪被贬到陕西，之后便去世了。杨士奇只好与母亲由德安返回泰和。人们常说，穷人家的孩子早当家。这句话在杨士奇身上得到了充分印证。由于生活艰难，身世坎坷，经济拮据，还是孩子的杨士奇就在村子里的私塾当先生，但是收入微薄，刚够填饱肚子。第二年，就改在了一家私塾任教，由于教得好，很多孩童都愿意跟他学习。这时，他也有一位朋友因为家贫，无力供养年迈的母亲。杨士奇知道后，就问他是否读过《四书》。在得知他读过之后，杨士奇就将自己的一半学生让给他来教，这样可以赚一些生活费来糊口。

洪武十八年（1385），他受命担任石城县训导。不幸的是仅仅半年之后，杨士奇粗心弄丢了学印而畏罪逃走，到武昌避难。

在此后的十余年间，杨士奇身无居所，到处游荡，靠教书为生，一直未能进入仕途。建文元年（1399），朝廷为了征召诸儒撰修《明太祖实录》，在全国各地张贴征召儒生的榜文。吉安府官员向翰林院学士黄子澄举荐了杨士奇，黄子澄欣闻之，即刻命其进京参加测评，对其才能进行检测再决定是否录用。在考核中，杨士奇以惊人的才华与学识，令主考官翰林学院修撰王叔英刮目相看，过了几天之后，考核结果张榜公布，杨士奇虽是布衣之身却名列其中，被授以编纂官。

建文四年（1402），燕王朱棣发动"靖难之役"篡位登基，改元"永乐"，也就是后来的明成祖。杨士奇才华横溢是尽人皆知的事，也引起了明成祖的注意。不久，杨士奇便被明成祖选入内阁，担当主管机务的官职，成为皇帝身边的红人。数月后，又被提拔为侍讲。

永乐六年（1408），成祖率大臣及官兵数万人北巡，但国不可一日无君，就命杨士奇、蹇义、黄淮留下辅佐太子。这三人均是成祖的左膀右臂，让他们来辅佐太子、留守京师，成祖是非常有把握的，他很是放心。

杨士奇辅佐太子非常尽心尽力，辅导太子用心学习《六经》，建议太子有空闲的时候看看两汉的诏令，而不应该花费大量的时间去学作诗。太子虚心采纳了他的建议。太子在杨士奇等人的悉心辅佐下，开始学习《六经》，并将两汉的诏令反复阅读、研讨，深入了解两汉朝廷的大事，学识开始不断长进，掌管朝中大事的能力也大大提高了。

永乐二十二年（1424），明成祖朱棣驾崩，太子朱高炽即位，改元"洪熙"，是为明仁宗。明仁宗即位后，任命杨士奇为礼部侍郎兼华盖殿大学士。从此，他在内阁中的地位日益显赫。他上任后不畏强权，以敢言直谏著称。有一次上朝时，他对明仁宗说："皇上天生仁厚，才采取减少岁供的办法，可是诏令下达后还未达到一段时间，惜薪司竟传旨征收枣80万斤，这与前面所下的诏令是自相矛盾的。"仁宗认为他的进谏言之有理，立即将征收的数量减去了一半。尚书李庆建议把军队多余的马匹发给地方官员，可以每年向他们索要马驹，增加国库收入，杨士奇认为不可以这样，他说："朝廷将贤能的人授予官职，现在却让他们把精力放在养马上，这是看重牲畜而轻视士人，怎么向黎民百姓与后代交代呢？"明仁宗同意了杨士奇的建议，最后废弃了官员牧马的诏令。

正统元年（1436），宦官王振开始干预朝政，并诱导幼小的英宗用严酷的手段统治臣子，大臣们可能今天还在处理朝廷公务，明天就可能有牢狱之灾了。正统五年（1440），杨荣回籍省墓，王振上疏弹劾杨荣收受靖江王朱佐敬私自赠送他的金银。杨荣返京后，杨士奇极力解救，才平息此事。

这时，王振大力勾结朝廷臣子，在朝中为所欲为。而朝中的骨鲠大臣借各种借口难以临朝，只剩下杨士奇、杨溥，孤军奋战。

正统七年（1442），太皇太后去世，王振更加肆无忌惮，作威作福，为所欲为。百官对之若有不满，就会有牢狱之灾，朝臣人人自危，杨士奇也无法制止。

那时，杨士奇之子杨稷为人豪横，曾因施暴杀人，相继被各御史弹劾。杨士奇长年不在家，疏于对儿子的教育，而杨稷的母亲、祖母等家人，对他也无计可施。自祖母去世后，杨稷的母多次劝其好好读书，循规蹈矩，切勿给家中添麻烦。但他把母亲的劝告当作耳旁风，凭着公子哥儿的身份横行一方，欺行霸市。此时已七十多岁的杨士奇，听说独生子杀人犯法的消息，顿时如受雷击，从精神到身体都彻底崩溃。

见到这般情形，朝廷计议，暂不马上把杨稷捉拿归案，先把他作恶的案子送给杨士奇审阅。但不久，又有人告发杨稷做的数十件坏事，的确是万不得已，朝廷才将杨稷逮捕入狱，关押在大理寺狱等待处决。杨士奇因为有病，正在告假调养身体，英宗担心伤害杨士奇，决定先不处死其子，只是降诏缓刑来使杨士奇安心。

正统九年（1444）三月，杨士奇在恨子不争、报国不能的忧愤中去世，享年80岁。他死后被追赠太师，谥"文贞"。在杨士奇去世后，朝廷才下诏将杨稷处死。杨士奇敢于上谏，心系黎民百姓，宅心仁德。正是由于有了以他为首的"三杨"，才有了"仁宣之治"的出现。在他去世后，宦官王振专权，发生了"土木堡之变"，朝廷备受屈辱，明朝由此开始露出衰微的征兆。

善于察言观色的张居正

▶ 人物名片 ◀

张居正（1525—1582），字叔大，号太岳，嘉靖四年（1525）出生于湖北江陵。明代政治家、改革家，被称为"宰相之杰"，也是史上颇具争议的宰相。他的父亲张文明，从来没有当过官。张居正的降生，被人罩上一层神秘的光环。据说在张居正出生的前一夜，他的曾祖父做了个梦：梦中一轮圆月落在水瓮里，照得四周一片光明，然后一只白龟从水中慢慢浮起。第二天，张居正就出生了。由于昨天晚上的梦，借龟的谐音，曾祖父给他取了名字"白圭"。圭正是龟的谐音，希望他能光大门楣。

▶ 人物风云 ◀

张居正年仅5岁就进入学校学习，10岁时竟然熟读"六经"并且倒背如流，为乡里人称赞。13岁时，张居正便有机会进入乡试，当时他的答卷上作了一首诗："绿遍潇湘外，疏林玉露寒。凤毛丛劲节，直上尽头竿。有韵律，讲求对称。"

这首诗以竹自喻自己的志向，抒发了他的远大抱负，并向世人展示了他的雄才伟略。时任湖广巡抚的顾璘大人，是当时有名的才子，看过张居正的诗文后，认为他出手不凡，想要亲自培养他，便故意让他在此次考试中名落孙山，以便激发他的潜能与斗志。顾璘逢人就夸张居正："这个孩子将来一定了不得。"并解下自己的束带赠给张居正说："将此带送给你留作纪念吧，你将来会系上比这更好的玉带，出人头地，更上一层楼。"

嘉靖十九年（1540），张居正又一次参加乡试，皇天不负苦心人，这一年虽然他才十六岁，但却高中举人。顾璘得知后非常高兴，充满希望地对张居正说："你有远大的抱负，我非常看好你，你要严于自律，要以伊尹、颜渊为榜样，不要做徒有虚名的举人。"七年之后，经过一番刻苦学习，张居正进京参加会试，真金不怕火炼，他中了进士，被授翰林院庶吉士的官职。从此，开始了他宦海浮沉的任官生涯。

当时，内阁大学士夏言与严嵩等人之间的斗争，正趋于白热化，愈演愈烈。为了取得首辅地位，严嵩竟然置国家利益于不顾，借收复河套之事诬陷夏言，夏言身陷囹圄，被严刑迫害而死。严嵩将力主抗击蒙古的夏言残酷害死，自此没有人主张力抗蒙古。政治斗争的残酷，使张居正看透了朝臣的腐败和朝廷的摇摇欲坠。他狠下决心要根治腐败，改革创新，以拯救天下为己任，他做事雷厉风行，喜欢将国家道义放在心间。但他也知道要在官场上有立足之地，就应该先学会保护自己，察言观色，等待时机。

嘉靖二十八年（1549），张居正升任翰林院编修，但只是一个不干活的官职。他无心在这种生活中苟活，谢绝了一切与他交往的人，专注于朝章国典，剖析时事政治，探索兴邦救国之道。

隆庆元年（1567），张居正晋升为吏部左侍郎兼东阁大学士，入阁参与机要政务。张居正的过人才华被发挥得淋漓尽致，不久他就写了《陈六事疏》，在朝中官员中树立起自己的威望。

从此，张居正便在内阁中认真做事，勤于国家大事，大展自己的才华。

不久后，穆宗逝世，年仅10岁的太子朱翊钧继承帝位，改年号为"万历"。这时的冯保已顺利地当上了掌印太监兼提督东厂，可谓宫内宫外大权在握，不久后，又将和他争宠的高拱罢官了。在冯保的左右下，张居正不断得到重用。高拱被罢官后，高仪不久也去世了，剩下张居正一人在文渊阁任职，一手挑起了首辅的重任，成了一人之下、万人之上的大人物了。

由于神宗朱翊钧年幼，因此皇帝的教育成长问题，成了内阁首辅张居正的头等大事。张居正认为培养一个明君是一件利国利民的事情，于是他义不容辞地承担起教育小皇帝的担子。他每日都要亲自安排皇帝的功课，又亲自为神宗讲经诵史；将每日上早朝的日期定为每月三、六、九日，剩下的时间均给神宗攻经读史用；又把李太后请到乾清宫，让其与神宗一同生活，以便照料他的生活起居。

张居正在辅导皇上的同时，心系朝野，心系黎民百姓，一直想着如何实现国泰民安。他任用了一批能文能武的将领，这些人是谭纶、戚继光、李成梁、王崇古、方逢时等，张居正对他们非常信任，因此他们非常乐意接受张居正的指挥。在张居正的领导下，他们的才能得到了充分发挥。

当时，蓟州是北边战守的重心。抗倭名将谭纶、戚继光主持蓟州防务后，张居正为他们设计了防务战略，从心理上和行为上给予鼓励。戚继光上任后强烈要求改革蓟州军制的想法，得到了张居正的赏识和支持。

戚继光兢兢业业，时刻处在备战状态，在他镇守蓟州的时间里，蒙古各部再也未敢侵犯边境。同时，在整顿边防的过程中，张居正与戚继光的私人关系也处得非常好。

在辽东方面，张居正起用出身穷苦、有大将之才的李成梁镇守。从隆庆元年（1567）起，李成梁将进犯辽东的蒙古人打得落花流水，其后被任命总兵镇守辽东。李成梁镇守辽东22年，先后共计经历了10次大捷。

在宣化、大同方面，张居正任用王崇古。王崇古命令将士修筑边墙，平常屯田练兵，大大提高了军队战斗力和防御力量。

在张居正的主持下，经过几年的努力，扭转了长期以来边防败坏不堪的局面。军队攻守力量日益增强，蒙古犯边逐年减少。在加强防御力量的同时，张居正也在积极寻求解决蒙汉关系的方法，他命令沿边将帅，要抓住一切有利时机，适时采取行动，为发展同蒙古的友好往来贡献自己的一份力量。

千疮百孔的明朝政府，经过张居正整顿后，已经有了显著地改善。大局稳定之后，张居正又开始推广"一条鞭法"，从根本上解决了税收的难题。"一条鞭法"是由吏部尚书桂萼提出的，就是把田赋、徭役及其他各种的杂税、杂征、杂差统合为一体，按照各家各户的具体境况重新核实编定，将有人口无粮田的编为下户，有人口有粮田的编为中户，粮田多丁口少和丁口粮田俱多的编为上户。在总量核准后，根据丁、粮比例，把所有赋役派到丁、粮里面，一同来缴纳赋税。这便是"一条鞭法"的具体内容。张居正认为，经济上实行"一条鞭法"可以解决财政资金紧缺问题，使国家度过危机。

万历九年（1581），张居正正式下令，在全国推行"一条鞭法"。"一条鞭法"的大力推广，与张居正创的"考成法"中的整顿吏治、清丈田亩、抑制豪强密切相关的，如果没有这些前提做准备，"一条鞭法"就难以推行。可以说，"一条鞭法"的推行是张居正改革最主要的措施。推行"一条鞭法"的直接目的是整顿赋役、克服财政危机和稳定明朝的统治，但它所产生的影响，却远远超过了这些。

在张居正主政的10年间，大明王朝吏治清明，经济繁荣，人民负担大大减轻丰衣足食。仅仅是北京的粮仓就可供9年使用。太仓库储藏室里有白银600多万两，太仆寺存有400万两，应天的库房也藏有250万两储备。这些银两是在紧急时刻使用的。广西、浙江和四川的省库平均存款在15万两至20万两之间。这与隆庆二、三年间（1568—1569）国家年收入250万两，支出400多万两，财政赤字150万两的情况相比，简直是一个在天上，一个在地下。

张居正实行的"一条鞭法"，虽然使国库财富大增，扭转了明朝千孔百疮的危机，但他在改革中得罪了不少人。张居正的改革触及了他们的利益，因此他们对张居正恨得咬牙切齿，也有的人与张居正政见不和，对他的才能和强大的权力产生嫉妒。他们认为张居正总是凭着自己宰相地位，挟天子以令天下，大小事情都须听命于他，是专权霸道的体现。

不久，因张居正父亲的离世，引起了一场门生发难的风波。按旧例，父母去世后，儿子要在家守孝。皇上命令张居正不必回家守制。正在张居正犹豫不决的时候，以吏部尚书张瀚为首的一批张居正的门生却逼他离阁回家守制。

由于长期的劳累，积劳成疾，张居正连上两疏，恳求神宗准允告老还乡，想在有生之年重新回到老家，但神宗没有批准他的请求。万历十年（1582），张居正抛下了他的改革事业，离开了人间，留下他赫赫的业绩，终年58岁。

张居正死后，神宗如小鸟出笼无拘无束，为满足私欲为所欲为，他横征暴敛，挥金如土，徭役繁重，伤害了百姓。朝廷上下官官勾结，结党营私，糜烂不堪，各种社会矛盾又急剧恶化，最终一发不可收拾，明王朝走向了灭亡的边缘。

张居正是著名的改革家，他的改革特点是循序渐进，所以他的改革能为当时的社会所接受，收获不小。张居正改革的十年，是明末一道耀眼的光芒，此光逝后，明王朝又陷入死寂般的黑暗。

青天大老爷海瑞

人物名片

海瑞（1514—1587），字汝贤，号刚峰，海南琼山县人，明朝著名清官。历任知县、州判官、右佥都御史等职。为官清廉，洁身自爱。为人正直刚毅，海瑞虽职位不高，但是敢于蔑视权贵，而且从不谄媚逢迎。一生忠心耿耿，直言敢谏。

人物风云

海瑞的祖父海宽，曾在福建松溪县担任知县。海瑞4岁时，便失去了父亲。海瑞的母亲谢氏，虽为妇人，但性格刚强，勤俭持家，她靠替人做些缝缝补补的家务活和耕种十多亩薄田来维持生计。

谢氏为了儿子将来能成才而对他严加管教，雇佣学识渊博的老师教导自己的儿子，海瑞曾在诸多老师的门下学习过。

嘉靖二十八年（1519），海瑞参加乡试时，以一篇《治黎策》高中举人。海南岛的五指山是黎族居住的地方，由于明政府的刑罚严酷，百姓苦不堪言。海瑞认识到，政府之所以对黎族的百姓如此暴力，根本原因还是政策问题，于是有感而发写了《治黎策》。同年，明政府又命令总兵陈圭、总督欧阳必率兵攻打黎峒，残害了黎族百姓5000多人。海瑞心中不平，认为明政府对他写的《治黎策》没有认真考虑。他又写了一篇《平黎疏》，在他看来，如果政府只用暴力解决问题，非但不能让百姓信服，反而会使居住在海南岛的黎、汉两族人民怨声载道，不得安宁。因此，海瑞主张选用足智多谋的官员管理海南，如果没有人愿意来的话，他愿毛遂自荐。如果有机会可以管理海南，他会先在海南岛境内开通几条大道，使交通畅通，可以使黎、汉两族有更多交流机会，那么隔阂也会随着时间的流逝慢慢消失的。海瑞还实行甲编制，以便对百姓的管理，不仅这样，海瑞还让黎族人民享有和汉人同等的权利和地位。《平黎疏》反对政府进行暴力统治，提出了一系列治国安邦的良策，凸显了海瑞卓越的才智。但是，明朝上下对他的《平黎疏》置之不理，海瑞治理海南的计划算是石沉大海了。

按照明政府科举选士的惯例，高中举人之后，就有机会担任教谕，倘若得幸被举荐，还可以当知县。嘉靖三十三年（1554），海瑞被委任到福建延平府南平县当教谕，这一年，海瑞已年近四十。海瑞的官旅生涯由此开始。

南平地处福建中部，算是富甲一方了。但是这里的学风不正，接受教育的学生极少，而且学费极高，如果打算去县里上学，必须先给当地官员送一些钱财，不行此礼，那么想要上学就比登天还难。为此，很多穷人家的孩子没有学上。海瑞上任之初，就对这里进行了彻底的改革，并制定了《教约》，严正校纪校规，广收学徒，杜绝贿赂者。

海瑞在南平县担任官职的时候，对学生呵护有加，对有困难的学生更是关注。他根据每个孩子资质的不同进行一对一施教，严格要求，平等对待。南平县的学风经过海瑞的细心整顿，学堂也办得有声有色，家长们都喜欢把孩子送到这里来读书。在海瑞任职的这四年，海瑞为朝廷培养一批又一批人才。

海瑞同样重视处置刑犯，断案时以公平公正为原则，不少冤假错案经过海瑞的重新审判才得以沉冤昭雪，当地百姓对海瑞敬仰有加，尊称海瑞为"海青天"。

当时桐庐县发生了一起杀人案，徐继的妹妹，是戴五孙的结发之妻。戴五孙曾经在岳母的手里借过一些银两。之后,徐继曾几次要求戴五孙还钱,但都无济于事。一天,徐继将戴五孙堵在了门口,伸手就要银两,结果再一次被戴五孙拒绝了。这一次可把徐继惹毛了,一怒之下,竟用石块把戴五孙砸死了,之后又将尸体扔进了水中。说来也巧,正好这一天官员潘天麒在戴家住宿,便因此惹上了嫌疑。桐庐县审判的结果是戴五孙妻徐氏与潘天麒通奸不成,谋杀亲夫,故判徐氏、潘天麒死刑。之后,此案经过桐庐县、建德县、遂安县三知县会审之后,还是不能够明断,就成了一桩十年疑案。但是,自海瑞任职以来,再一次对这桩十年疑案进行了重审,经过海瑞的细心研究,考察探访,真相终于大白天下,徐氏、潘天麒的冤屈才可沉冤昭雪。

明世宗晚年,严嵩集团虽然被推下台,但是明世宗喜欢修炼丹,希望可以长生不老,所以不理朝政,醉生梦死。

经过一番亲身的调查,海瑞洞悉了朝廷腐败的根源。嘉靖四十五年(1566),海瑞为了明朝的繁荣与昌盛,写了一篇奏疏——《治安疏》,海瑞在奏疏中对皇帝严厉批评。他说:"当今朝廷上下,为了满足皇上的虚荣心,大兴土木,建宫殿,劳民伤财。陛下的误举,简直就是在拿整个国家开玩笑啊,许多大臣对陛下更是阿谀奉承,一个个都是假惺惺。"海瑞不仅对皇帝进行了严词说教,还提出了不少可行措施,希望世宗能专心上朝。统观全文,海瑞对皇帝是绝对效忠的。不过,封建专制制度下的皇帝,根本就没有这样的胸襟去倾听,海瑞确实是不怕死,为了苍生的利益,他直谏《治安疏》。果不出所料,世宗在听了《治安疏》之后,龙颜大怒,将疏文一扔,下令将海瑞打入了大牢。宦官黄锦替海瑞求情,称海瑞本就是一个书呆子,在来之前,连棺材都买好了。过了几天,世宗想想还是生气,遂将海瑞处以死刑。

《治安疏》的后果,海瑞早已心知肚明,他在上谏以前,就拜托自己好朋友王弘海为他办理好了后事,自备了棺材。海瑞被判死刑之后,迫于皇权的威严,谁都不敢求情。何以尚就因为求情而被下狱,这下就更没有人敢提及此事了。首辅大臣徐阶也曾力劝明世宗放了海瑞,却也无效。虽然,皇上早已下旨将海瑞处死,但却一直未能执行,海瑞一直待在狱中。当时的锦衣卫,对海瑞也是钦佩有加，所以能拖就拖。

嘉靖四十五年（1566），世宗病死。几天后，海瑞被释放，又重新担任户部云南司主事，不久又改任兵部武库司主事。

隆庆三年（1569），由于海瑞管理卓著，被提为右佥都御史，总管粮道。

海瑞上任后，这里常常大雨成灾，苏、松、常、杭、嘉、湖六府沿太湖的田地几乎都被淹了，房屋禁不住洪水肆虐被冲塌。海瑞从治水救灾着手。解除水患之后，海瑞进行逼乡官退田的政策。

徐阶告老辞官的老家松江府，是海瑞的管辖之地。虽然徐阶为人耿直，但其子孙却浪荡无为欺行霸市，百姓的状纸堆积如山。迫于徐阶的声望，原任官员对这些事是睁一只眼闭一只眼。

最初，海瑞也左右为难。徐阶对他有救命之恩，但面对徐家人的胡作非为，他不能坐以待毙，还是把百姓利益放在心中。他亲自登门，将来龙去脉都告诉了徐阶，并告诉了他解决的方法。因为徐阶长年在京城做官，所以对家中之事知之甚少。听海瑞这么一说，徐阶即刻命人将不法田地退回原主，又亲自将罪人捆绑到官府。

徐阶请罪退佃的事传出去后，海瑞在百姓心中的地位更高了，百姓称之为"海青天"。五个月之后，穆宗又改任海瑞为督南京粮储。

后来，由于他得罪了张居正，便赋闲在家16年。在这段时间，海瑞过着捉襟见肘的生活，妻儿因病离世，仅有一个仆人相伴左右。

万历十年（1582），张居正病亡，海瑞才有机会可以重见天日。三年后，海瑞被封为南京右佥都御史，后又改为吏部右侍郎。

海瑞虽逾古稀，但壮志在胸。由于年迈，海瑞一病不起，而且病情每况愈下。

万历十五年（1587），海瑞告别了他操劳一生的大明王朝，享年73岁。

送葬那天，礼部左侍郎沈鲤把朝廷的诏谕宣读给百姓：谥海瑞"忠介"，追赠"太子少保"。之后，出殡的队伍陆续走出了应天府。由于海瑞非常受爱戴，南京市民为了让他安静地走而关闭摊市。为了悼念他，每家门前都摆着佳肴来祭奠这位清官。

　　海瑞是刚毅、清廉、耿直的象征，他一生与贪官作斗争、厉行节俭。任职期间，分配田地，推行新的赋税政策等等，这些都在一定程度上促进了生产的发展。海瑞无愧于"海青天"之称号。他所做的事至今仍为人们津津乐道，他实事求是、敢作敢为的精神在当代仍有借鉴意义。

纵横沙场的武将

威名远震的英国公张辅

> 人物名片

张辅（生卒年不祥），字文弼，祖籍河南祥符。张辅是河间王张玉的长子，同他的父亲一样，也是明代一员大将。燕王朱棣发动靖难之役时，张辅与父亲张玉随燕王朱棣出兵；父亲张玉战死在东昌，张辅便接替父亲，成为大将军。他骁勇善战，战功显赫。朱棣登基之后，先后委任张辅担任信安伯、新城侯等要职。朱棣出兵安南，张辅请求带兵杀敌，敌人闻风丧胆，后晋封英国公，成为威名远震的杰出将领。

> 人物风云

张辅的父亲张玉是当时元朝高级军政长官，早年仕元。元朝落败，张玉追随元朝皇室一起北逃大漠，在大漠过了十八年颠沛流离的生活。洪武十八年（1385），10岁的张辅跟随父亲投靠了燕王朱棣。几年之后，张辅跟随父亲张玉出征漠北，征讨元军。

建文元年（1399），朱棣发动了靖难之役。张辅跟随父亲张玉参战，从此开始了真正意义上的军事生涯。张辅因骁勇善战，很得燕王朱棣的欣赏，不久，便被升为蔚州卫指挥同知。

建文二年（1400），父亲战死沙场，张辅继承父亲的职位，后又升任都指挥同知。张辅不曾忘记过父亲的教导，对燕王更是忠心耿耿。之后，张辅带领亲兵随朱棣在夹河、藁城、彰德、灵璧等地战斗，屡战屡胜。

朱棣登基，改年号为"永乐"，大肆封赏功臣，张辅因功被封为信安伯。

永乐三年（1405），张辅再次受封，为新城侯。第二年，朱棣命朱能担任征夷将军一职，率领大军与左副将军沐晟会合，进攻安南。十月，朱能在军中病逝，张辅接替他统领部众。第二年，张辅率军在木丸江、富良江等地打败安南兵，大获全胜，还俘获了黎季犛和他的儿子黎苍，将二人一起押送回京。张辅回京之后，朱棣特意在奉天殿赐宴，并现场作《平安南歌》一赋，晋封张辅为英国公。

永乐七年（1409）春，张辅任征虏将军再一次率兵征讨，大败叛军并俘获大越上皇简定，迫使大越皇帝乞降。第二年，朱棣命令沐晟继续征讨叛军残余部队，张辅再立战功，班师回朝。但在张辅回来不久，安南陈季扩再次发动叛乱，凭沐晟之力难以制服，朱棣只好再次派张辅去协同沐晟抗敌。三年之后，终于将叛军平定，俘获陈季扩并押送京师。朱棣下旨在安南设升、华、思、义四州，同时增置卫所，留军驻守。永乐十三年（1415），张辅回朝，朱棣命他为交阯总兵官，前往安南戍守。之后陈月湖等人的几次叛乱，都被张辅平息。永乐十四年（1416）冬天，朱棣下旨召回张辅。

永乐二十二年（1424），朱棣病逝。朱棣临死之前，特召英国公张辅进宫，嘱咐后事，并传位给太子朱高炽。

明仁宗朱高炽即位之后，改年宣武。张辅升太师，掌中军都督府事，并监督修订《太宗实录》。同年五月，朱高炽驾崩，朱瞻基登基，改元"宣德"。

宣德四年（1429），张辅担任光禄大夫一职，兼左柱国，主要任务就是谋划军国要事，张辅手握重兵，威名显赫。

宣德十年（1436），朱瞻基暴卒，皇太子朱祁镇继位，是为明英宗。不久，宦官专权，扰乱朝纲，横行朝野，张辅虽有能力与之抗衡，但是再难获重用。

正统十四年（1449），张辅在土木堡之变中死于乱兵之中，死后被封为定兴郡王，谥号忠烈。正如他的谥号一样，张辅一生为朝廷尽忠，战功显赫，却不得善终，当真死得惨烈。

胆略过人的河间王张玉

人物名片

张玉（1343—1401），字世美，出生于河南祥符（今河南开封），明朝大将，靖难之役著名将领之一。张玉跟随燕王朱棣发动靖难之役，战功赫赫，后来在东昌之战中不幸战死。朱棣称帝之后，以靖难第一功臣的荣誉追赠张玉为荣国公，谥号忠显。明仁宗即位后再封为河间王，改谥忠武，与朱能、王真、姚广孝等靖难功臣同享成祖庙廷。

人物风云

张玉在元朝末年曾担任枢密院知院，是元朝的高级军政长官。元朝败北迁入大漠之后，张玉跟随元朝皇室在大漠中颠沛流离了十八年，直到洪武十八年（1385），才投靠到驻守北平的燕王麾下。此后，张玉因功被授济南卫副千户，逐渐变成燕王手下最得力的一员大将。燕王发动靖难之役后，张玉任都指挥佥事，攻克蓟州、遵化，屡立战功。东昌之役时，燕王被盛庸军围困，张玉入围救援，战死沙场。

洪武元年（1368），朱元璋建立明朝，定都南京，元朝被迫败走漠北。张玉追随元朝没落皇室一起北上避难，在大漠中过了十八年颠沛流离的艰难生活。

洪武十八年（1385）的时候，张玉因为怀念故乡，想念亲人，毅然放弃元朝的高官厚禄和一切荣华富贵，投靠了燕王朱棣。这时的燕王是各王之中势力最强大的，他常年驻守于北平，肩负着抵御蒙古诸部的重要责任。为了抵抗蒙元贵族的残军败将，朱元璋曾经下令命燕王朱棣多次北征大漠，消除残余势力。张玉第一次跟随燕王朱棣的大军出塞抗元，参加捕鱼儿海战役，由于功绩显赫被授予济南卫副千户的官职。后来，张玉又追随燕王朱棣出征远顺、散毛等地，张玉骁勇善战，曾北逐元朝残余军队到达鸦寒山，消灭了元军大部分残余势力。因此，朱棣对其赞赏有加，晋升为燕山左护卫。此后，又随燕王出塞到达黑松林，讨伐野人等部落。在与燕王北征期间，张玉的谋略胆识都得到了燕王朱棣的夸赞，朱棣对他也更加信任了。

朱元璋去世之后，太孙朱允炆称帝，改元"建文"。即位之初，建文帝为了巩固统治，在齐泰、黄子澄等人的辅佐之下，实行削藩政策。燕王作为诸王中的强者，势力不容小觑，一直以来，建文帝都将燕王视为眼中钉、肉中刺，除之而后快。

由于朝廷削藩激化矛盾，藩王与朝廷开始决裂，朱棣打着"清君侧、诛齐黄"的名义发动靖难之役。燕王朱棣立即召集张玉与朱能一同守卫王府，继而下令攻占北平城。张玉身为将军，率兵连夜攻占北平九门，夺取北平城。紧接着，燕军迅速拿下雄县、鄚州，朱棣下令在间道攻取真定，就是今天的河北正定，打他一个措手不及。同年八月，建文帝派耿炳文与朱棣会战。朱棣命张玉前去查探敌情，正所谓知己知彼，才能百战不殆。在与耿炳文的几次交战中，燕军屡战屡胜，打得耿炳文落花流水，仓皇逃回京师。耿炳文失败的消息传至南京，建文帝龙颜大怒，接受黄子澄上书，撤换耿炳文，改用曹国公李景隆任将军，再次出征。不幸的是，李景隆也是屡战屡败。白沟河之战失败之后，建文帝又任命驻守济南的盛庸为大将军，代替李景隆出征。

建文二年（1401）冬，盛庸率领大军驻屯东昌（今山东聊城），企图断绝南下燕军的归路，在东昌布阵对峙。阵中埋着大量火器、火药、毒弩等远程兵器。朱棣进攻盛庸的东侧，一时大意，闯进伏击圈，燕军损失惨重，被盛庸军重重包围，不得脱身。张玉与朱能二人见燕王身处险境，情况十分危急，立即率大军向南军包围圈猛冲。朱能负责营救燕王朱棣，张玉负责吸引敌军的注意，创造更多的机会。结果，朱棣被成功救出，但是杀红眼的南军把矛头直接对准张玉，适时发起猛攻，张玉最终力竭而死。燕师被逼无奈，班师回到北平，历史上称这次战役为"东昌之役"。

朱棣知道张玉战死之后，失声痛哭，悲伤之余，为了纪念张玉，朱棣亲手为张玉写了一篇悼文。

建文四年（1402），朱棣终于大败建文帝，在南京称帝，而张玉也被追封为荣国公、河间王，谥号忠武，和东平王朱能、金乡侯王真、荣国公姚广孝共享太庙。

文武双全的岐阳王李文忠

▶ 人物名片

李文忠（1339—1384），字思本，小名保儿，江苏盱眙人。12岁的时候母亲就死了，父亲李贞带着他辗转于乱军之中，曾经多次面临死亡。14岁的时候，在滁阳看到太祖朱元璋。朱元璋见到李保儿，觉得他聪明伶俐，十分喜爱，便决意收为养子，跟随己姓。李文忠从小喜欢读书，聪明过人，所学的东西就好像以前就已经学过一样。19岁时，李文忠以舍人的身份率领大军，随军支援池州，击败了敌军。

▶ 人物风云

李文忠的母亲是朱元璋的姐姐，12岁的时候母亲不幸病逝，从此以后李文忠便跟随父亲过着颠沛流离的生活。14岁那一年，李文忠在滁阳见到了娘舅朱元璋。朱元璋见到李文忠非常高兴，再加上他确实十分喜欢李文忠，便收他为义子，跟从自己姓朱。

元至正十七年（1357），年仅19的李文忠凭借舍人身份率领大军增援池州，击败池州越普胜的兵。之后引兵向东行去，攻占了青阳、石埭、太平、旌德四县，屡建奇功，连挫元军，振奋军心。

第二年，李文忠率大军与邓愈会师，从徽州进入浙江，与元军再一次展开激战，攻占了浙西重镇建德，功绩显赫，晋升为亲军都指挥，驻守建德，同时，李文忠没费一兵一卒，只用谋术便将苗帅杨完者旧部的三万多人收降。之后，李文忠又协助胡大海攻下了诸暨和金华。李文忠再一次受封，任同佥行枢密院事。不久，苗兵叛变，杀死了金华的守将胡大海。李文忠夺回金华之后，朱元璋再一次提升他做浙东行省左丞，进而节制建德、金华、信州、处州四州军事。至正二十三年（1363），谢再兴叛降于张士诚，进军东阳，李文忠在义乌迎战，获胜之后，在距离诸全不远的地方重新筑新城，也就是今天的诸暨南。

至正二十六年（1366），朱元璋晋升李文忠任浙江行省平章事一职，兼荣禄大夫，叫他不必再随朱姓，复姓李。

明洪武二年（1369），李文忠跟随常遇春进攻元军，攻占元上都，也就是今天的内蒙古正蓝旗东北。班师回朝的途中，常遇春不幸病逝，李文忠奉旨指挥常遇春的大军，与徐达率领的军队会师进攻庆阳，大败元军。

洪武三年（1370），李文忠以征虏左副将军身份率领军队，与徐达分道北征，在应昌俘获了元朝的新皇帝买的立八剌以及皇帝的若干妃子、宫人、王公、武将、文臣，更加值得高兴的是李文忠还缴获了宋元两朝的玉玺金宝，共计十五件。回军路上经过兴州和红罗山时，再收降数万元军。朱元璋升李文忠为左都督，册封为曹国公。

又过了两年，朱元璋派大军分三路大规模征讨北元。李文忠和徐达、冯胜三人各任一路。李文忠从居庸关进入蒙古境内，继而到达和林，获胜之后继而向东追击元军，直追到称海，才将元军消灭殆尽，班师回营。李文忠战功显赫，将士们对他敬佩万分。

洪武十年（1377）以后，李文忠同李善长均受任"总中书省、大都督府、御史台，议军国重事"，担任宰相。

两年后，李文忠做督军，与西平侯沐英，削平盘踞在洮州的叛党。回京后，朱元璋下旨命他掌管大都督府兼国子监事。

洪武十六年（1383）冬，李文忠久病缠身，最后一病不起。在其患病期间，朱元璋曾亲临探视，并命淮安侯华中负责照顾和医治。第二年三月，李文忠不幸离世，年仅46岁。朱元璋知道这个消息之后，伤心不已，写文致祭，封李文忠为岐阳王，谥号武靖，配享太庙。

李文忠一生征战沙场，为朱元璋尽忠尽孝，作为明朝开国大将，战功显赫，他的精神是值得后人瞻仰和学习的。

开国大将中山王徐达

> 人物名片

徐达（1332—1385），字天德，出生于濠州钟离（今安徽凤阳）。朱元璋回乡募兵时，徐达就应召追随他。他作战勇猛，最终成了明朝的开国军事统帅。

> 人物风云

徐达生于元至顺三年（1332），濠州钟离的一个普通农家。元至正十三年（1353）六月的时候，朱元璋回到家乡开始招募兵士，这时候22岁的徐达已经有了建功立业的想法，所以毅然投奔到了朱元璋的军中，做了朱元璋的部下，从此开始了他追随朱元璋南征北战的戎马生涯。

徐达投奔了朱元璋之后，因作战勇敢，在战争中表现出了非凡的军事才能。并且很快协助朱元璋将定远的几支地主武装进行了收编，接着又攻占了滁州、和州等地。朱元璋发现了他智勇兼备的才能，又因其战功卓著，不久就授其镇抚之职。

到了至正十五年（1355），郭子兴病逝以后，统领全军的大权便掌握在了朱元璋手里。徐达跟随着朱元璋南渡长江，经过大军的奋勇抗争，将采石、太平等地全部攻占。到了第二年的时候，徐达又跟随朱元璋发动了对集庆的进攻。徐达凭借自己过人的胆识和卓著的军事才能逐渐取得了朱元璋的信任，并成为他最倚重的一员战将。不久之后，徐达就被朱元璋任命为大将军，并且命令他领兵攻取京口。徐达等率军进攻京口，不到两日，便击败元军，徐达因战功被授予了淮兴翼统军元帅的官职。

到了至正十七年（1357）的时候，徐达率领着军队去攻打常州，之后又分兵去攻取常熟和江阴等地，并且成功地阻止了张士诚率领军队向西进攻的计划。至正十九年（1359），徐达因功被朱元璋封为奉国上将军、同知枢密院事。

至正二十年（1360）五月，陈友谅率领自己的部队攻打池州，朱元璋命令徐达和中翼大元帅常遇春率领军队在九华山下进行埋伏，这一战，他们斩杀陈军几万人。不久朱元璋又在应天城下设伏，最终将陈友谅的军队打败。

至正二十一年（1361）三月，徐达因功拜江南等处行中书省右丞。八月，朱元璋开始对江州发动进攻，他命令徐达率领部队先行，迫使陈友谅带兵在武昌退守，并且将陈军追至了汉阳。

至正二十三年（1363），徐达在鄱阳湖之战中冲锋陷阵，勇猛杀敌，最终大败陈友谅的军队前锋。第二年，他以左相国的身份率领军队攻克庐州，然后又带领大军向江陵、辰州等地进军，最终扫平了陈友谅的剩余军队。

至正二十五年（1365），徐达率领自己的部队东进，攻克了泰州。第二年，又依次拿下了高邮、淮安、兴化等地，一举平定了淮东地区。接着，他又以大将军的身份率领二十万水军，由太湖出发，围攻湖州，大败张士诚军队。

至正二十七年（1367）九月，徐达扫清了张士诚余部，并俘获张士诚，胜利班师回朝，因功封为信国公。就在这一年的十月，朱元璋又命令徐达以征虏大将军的身份与副将军常遇春一同率领二十五万大军向北征讨元军，并且连战连捷，很快就将山东全境占领了。

到了洪武元年（1368）一月，朱元璋在今天的南京称帝，南京在当时被称为应天。在这一年的三月，徐达又接受皇帝的命令向河南进军，攻取了汴梁，也就是今天的河南开封。又在塔儿湾将五万多元兵打败，迫使元朝的梁王阿鲁温出来投降，最终平定了河南。接着他又分兵去攻打潼关，向西攻取华州。同年五月，朱元璋抵达汴梁亲自督战，徐达上奏皇帝请求乘胜追击，直接攻打元朝的都城。七月，徐达移师向北进军，接连攻克了卫辉、磁州等地。在临清与明朝的各路军队汇合后，又沿着运河北进，在河西务大败元军，又将通州攻下，元顺帝乘乱北逃。八月，徐达率领军队攻占了大都，元朝就此覆灭了。不仅如此，他又乘胜夺取了真定、怀庆等地。当元朝遗部的将领扩廓帖木儿带领军队从太原经雁门向北平进攻时，徐达趁元军不注意的时候直捣太原，将山西占领。

洪武二年（1369），徐达带领军队进入了陕西，元朝将领李思齐出城迎降，陕西也被平定了。第二年，徐达在定西将扩廓帖木儿大败，俘虏了元朝八万多人。他也因赫赫战功被明朝皇帝授予了中书右丞相的官职，并准许参与国家大事的商讨，同时被封魏国公。

洪武四年，徐达奉朱元璋的命令在北平镇守，同时加紧操练军马，修筑城池，并且统领北方的军事。第二年，他与左、右两位副将军李文忠和冯胜分路出塞对北元进行征讨。但是这一战由于徐达轻敌冒进，在岭北遭到了北元军队的大规模伏击，损兵折将数万人。第二年，徐达再一次率领部队出征，在答剌海大败北元军队。之后，明朝开始了休养生息的政策，徐达也率领军队驻守北平。

徐达一生征战沙场，刚毅勇武，持重有谋。不仅如此，他统领大军纪律严明，南征北战，战功赫赫，曾经被朱元璋夸赞为"万里长城"。徐达作为明朝的开国元勋，他以自己的卓越功绩为明王朝的开创立下了汗马功劳。在明朝正式建立后，徐达被朱元璋封为太傅、中书右丞相，后来又被封为了魏国公，并且徐达的三个女儿都嫁给了朱元璋的三个儿子，进一步巩固了两家的关系。

洪武十八年（1385）二月，54岁的徐达在南京病逝。死后被朝廷追封为中山王，赐谥"武宁"，并且朱元璋亲自为他撰写了神道碑，赞扬他的精神和功绩为"忠志无疵，昭明乎日月"。赐葬于南京钟山之阴。

力战克敌的开平王常遇春

> 人物名片

常遇春（1330—1369），字伯仁，号燕衡，出生于安徽省怀远县，明朝的开国名将。在元顺帝至正十五（1355）年的时候归附朱元璋旗下，并且毛遂自荐为前锋，在征战中也表现出了突出的才能，力战克敌。他曾经说如果自己能够带领十万众军队，就可以横行天下，因此军中将士又戏称他为常十万。他官至中书平章军国重事，被封为鄂国公，洪武二年（1369）在军中病卒，后被追封为开平王。

人物风云

常遇春外貌非常魁伟，胆量和力气也超乎常人。他的手臂特别长，对于射箭很是擅长。起初他跟从刘聚做起了强盗，后来经过思索，他察觉到跟随刘聚始终做不了什么大事，于是就离开了刘聚，来到和州投归朱元璋。

据传闻，在常遇春还没有赶到和州的时候，因为连日赶路困乏，就在田间睡着了。睡梦中他梦见一个披甲举盾的神人在向他喊主君已到。他一下从梦中惊醒，恰巧碰上朱元璋从这里经过，常遇春立即起身上前迎拜，常遇春来到军中没多久，就自告奋勇地向朱元璋请求作军队的前锋。但是这时候的朱元璋还没有下定决心接受他，但是在常遇春的再三请求下，朱元璋同意渡江后再做定夺。

朱元璋率领部队进攻采石矶，而矶上布满了元兵，这时候朱元璋带领的船队离岸大概有三丈多，几乎无人能够冲破敌军的阻挠登上岸去。这时候常遇春自驾一条小船飞速赶来，朱元璋命令常遇春上前进攻敌人。他听从朱元璋的指挥，挥舞着手中的戈径直冲向敌军。敌人接住了他刺过来的铁戈，聪明的常遇春也借势一跃，就飞速地上了岸，他一边大喊着，一边努力地砍杀敌兵。元军终于被打败了，朱元璋率领军队乘胜追击，顺势将采石矶攻下了，进而他又率领军队攻取了太平府。经过这一战，朱元璋看到了常遇春作战时的英勇，最终接受了他，并且还被授予为总管府的先锋，后来又被封为总管都督。

就在这时候，将士的大部分家眷和部队辎重都留在了和州，元朝的中丞蛮子海牙又一次带领水军部队开展对采石矶的袭击，这就导致和州与太平之间的水路被敌军垄断了。朱元璋亲自率领大军去抵抗元兵，同时派常遇春带领部队在各处设疑阵，以此来分散敌人的兵力。开战之后，常遇春自己驾着一个小船，带领小部分的士兵将海牙的大军冲散成两部分。这时候，朱元璋率领大部分军队趁机从左右一齐出击，再一次大败元军，将敌人的全部战船都缴获了，江上的道路自然也被打通了。

后来常遇春跟从元帅徐达对镇江发动了进攻，接着又开始攻取常州。徐达的军队被张士诚包围在牛塘，常遇春前去救援，不但打败了敌人，还抓获了敌方将领，自此，他也被提升为了统军大元帅。攻下常州后，他又一次被迁升为中翼大元帅。他在跟从徐达攻打宁国的时候，不小心被流箭射中，但是他包扎好伤口后，就又赶去前方继续作战，终于拿下了宁国。

后来陈友谅进逼龙湾，常遇春巧用五支军队在途中设下埋伏，将陈友谅的军队打败，最终将太平府收复了。常遇春大破敌军，战功卓著，升行省参知政事。

起初，朱元璋任用的最杰出的将帅共有三个人，分别为平章邵荣、右丞徐达和常遇春。在这三个人中，邵荣是善于打仗的老将。但是这时候他却居功自傲，心怀不轨，一直在谋划叛变一事。最终他的阴谋被察觉了，念在他多年的功劳上，朱元璋本来想饶他一死，但是常遇春却不能容他，径直上前对朱元璋说："为人臣子犯了谋反罪，还有什么可以宽恕的，臣按道义不能和这种人共存。"朱元璋没有办法，只得下令处斩了邵荣。从此，朱元璋对常遇春更加喜欢和器重了。

后来在池州一战中，罗友贤勾结张士诚，占据了神山寨，常遇春率领大军对他进行讨伐，最终打败并杀死了他。他随即跟从朱元璋进攻安丰。到了那里，吕珍已经将安丰攻下，并且集合全部兵力准备抵抗朱元璋的攻打。双方在交战的同时，朱元璋左、右两路大军全部被吕珍打败，就在这时候，常遇春带领着军队直接杀进了敌军的阵营，并且连连获胜，逼迫吕珍遁走。接着他便被派去配合徐达围攻庐州。就在庐州城即将被攻下的时候，陈友谅的军队把洪都包围了，朱元璋立即将常遇春召回。朱元璋和常遇春集合部队一起攻打陈友谅，但是陈友谅占据优势。双方交战三天三夜后，朱元璋命令军队放火焚烧陈友谅的战船，熊熊大火把湖面映得通红，陈友谅溃败不敢再战。朱元璋率领的将领认为敌军依然强盛，想放陈友谅走，这时候常遇春没有说一句话。朱元璋率领军队刚刚出了湖口，就下令追击陈友谅余部。常遇春接到命令沿江而上，率领军队加紧追击。陈友谅率领余下的将领突围，最终被彻底打败，而他本人也战死了。部队胜利归来，常遇春立下了赫赫战功，被赏赐了丰厚的钱财、丝帛和土地。

第二年，朱元璋称吴王，常遇春也被封为平章政事。朱元璋赶到武昌对军队进行视察。陈友谅原来的丞相张必先从岳州赶来集结军队支援武昌守军。常遇春得到消息，在他的部队集结之前，迅速带兵出击，并且将他擒获了。武昌守军的士气也因此一落千丈，最终武昌的守将陈理投降了。常遇春趁此机会又攻占了荆、湖各地。接着又跟从左相国徐达将庐州攻下，又将临江的沙坑、麻岭、牛陂等寨攻克了，将陈友谅的知州邓克明也擒获了，随即又拿下了吉安。紧接着，常遇春带兵对赣州进行围攻，熊天瑞带兵死守，攻了好久也没有攻下来。朱元璋派人告诉常遇春，在攻城的同时不能随意杀戮。于是常遇春改变了策略，他派兵将赣州城团团包围，熊天瑞屯兵六个月，耗尽了全部的人力和财力，没有办法只好投降了。常遇春果然没有滥杀无辜。朱元璋知道这件事情后十分高兴，他亲自写信对常遇春予以表扬和勉励。

这一年的秋天，常遇春又被授予副将军，率领大军对张士诚所建立的吴国进行讨伐，他带领军队先后在太湖、毗山、三里桥将吴军打败，接着又开始进逼湖州。张士诚立即派兵赶来救援，但都被常遇春巧妙地击退了。常遇春赢得了战役的最终胜利。

经过这次战役，常遇春再次被朱元璋封为副将军，和大将军徐达一起统帅大军进行北征。在临行前，朱元璋亲自告诉常遇春不能轻敌，常遇春恭敬地接受了朱元璋的告诫。在洛水与元军的战役中，常遇春单枪匹马冲入敌人阵营，奋勇杀敌，逼降了梁王阿鲁温，攻下了河南各个郡县。紧接着他又与大将军徐达攻下了河北，沿黄河而进，最终进入了元大都。

常遇春虽然出身卑微，但是他并没有因此放弃自己存在的价值，在认清现状不会有太好的发展之后，果断地寻找另外的发展方向。而且他的沉着勇猛，让他在战场上奋勇杀敌，让敌人也对他敬畏。他善于安抚士兵，总是第一个冲锋陷阵，并且从来没有失败过，为此军中的将士也是对他佩服得五体投地。他虽然小时候因家境贫寒没有念过书，更是不熟悉经籍文史，但是在用兵上通常都与古代的兵法相符合，这也显示了他超凡的军事才能。不仅如此，他也是一个军纪严明的将军，虽然他与徐达同为将军，而且还长他两岁，却多次跟从徐达南征北战，严格听从军纪管束，对徐达也是恭敬有加。两个人默契地配合为大明江山的开创共同立下了汗马功劳，成为历史上人人称颂的明朝开国将军。

战功赫赫的宁河王邓愈

> 人物名片

邓愈（1337—1377），字伯颜，出生于泗州虹县（今安徽泗县），明朝开国名将。16岁即能冲锋陷阵，独当一面，镇守南昌。曾与陈友谅率领的六十万大军相持三个月之久，难分胜负。朱元璋称吴王后，任右御史大夫，掌管御史台的一切事宜。洪武初年封为征戍将军，之后又晋升为卫国公，进右柱国。

> 人物风云

邓愈，明朝大将，为朱元璋创建明朝立下汗马功劳，是明朝开国元勋之一。元末，邓愈跟随父亲一起起兵反元，父亲不幸战死之后，邓愈继承父职，为完成父亲的愿望，领兵抗元。后来，邓愈投奔朱元璋的麾下，在江南的数次战争中，屡立战功，因功晋升为广兴翼元帅，接着又被授予征南将军、右御史大夫、领御史台事等官职。洪武初年，邓愈被封为征戍将军，后晋封卫国公，继而被赐予右柱国的职位，死后被追封为宁河王。

至元三年（1337），邓愈出生在虹县，也就是今天的安徽泗县。元朝末年，为了反抗元朝的黑暗统治，各地农民举起义旗。邓愈的父亲邓顺兴在同元军的一次抗战中，不幸中箭身亡，他的兄长邓友隆继承父亲的职务，掌握兵权。不久，邓友隆也因病去世，年仅16岁的邓愈继承父亲意愿，继掌兵权。

至正十五年（1355），18岁的邓愈率军投奔朱元璋，朱元璋任命邓愈担任管军总管一职，同时赐名"邓愈"。在统一江南的战役中，邓愈和常遇春率领大军从巢湖乘船一路南下，攻占了沿途的牛渚矶、太平、溧阳、溧水、句容、芜湖等十几个地区。继而乘胜渡江，攻占金陵，杀死了镇守南台的御史福寿。后又和徐达乘势收复了镇江、丹阳、金坛等地。邓愈骁勇善战，战功卓著，因功被提升做广兴翼元帅。紧接着，邓愈率部南下，夺取了广德、徽州等地，屡立战功。

至正十八年（1358），邓愈转战到浙西境内，大败元军，元军闻风丧胆，朱元璋对其称赞有加，升任其为金行枢密院事。不久，邓愈再次率部进攻江西，打败汉政权首领陈友谅的大军，又升为江南行省参政，掌管各翼军马，掌握兵权。

几年后，邓愈率军戍守洪都，降将祝宗、康泰再一次产生叛变之心，趁着夜色发起进攻，破城而入，给了邓愈一个措手不及，慌乱之下，邓愈仅率数十骑兵奔回应天，损失惨重。后徐达还师收复洪都，朱元璋复命邓愈随大都督朱文正又一次驻守洪都。为了抗击陈友谅部的猛烈进攻，邓愈负责防守要冲之地，他深知责任重大，为了防止敌军深夜来袭，他与众将士三个月没有脱下盔甲。鄱阳湖战役之后，邓愈又因为平定江西南安、南雄等郡有功，提升为江西行省右丞，后又调任湖广行省平章。

朱元璋登基之后，加封有功之臣，邓愈被封为太子谕德。在朱元璋大军平定中原之后，朱元璋就下旨让邓愈凭借征戍将军的身份率部攻占南阳、商州等地，邓愈大获全胜。

洪武三年（1370），朱元璋再一次封邓愈为征虏左副将军，与徐达一起远征甘肃。邓愈与敌军经过多次会战，大败北元军。后又兵分几路攻占了河州、乌斯藏诸部，招降吐蕃，明朝的势力范围日渐扩张。同年十一月，邓愈率大军班师还朝，由于功绩卓越，朱元璋赐邓愈宅第于南京洪武正街，封开国辅运推诚宣力武臣，特进荣禄大夫、右柱国，封卫国公。

洪武四年（1371），邓愈率领大军驻守襄阳，主要负责监督粮饷的运输，为明军攻占夏蜀等地提供了保障。

洪武十年（1377），吐蕃生反叛之心，动荡不安，邓愈任征西将军，奉旨出兵平定吐蕃叛乱。邓愈率军一直到达昆仑山脚下，诸国纷纷投降，为大明皇朝开辟疆土千里有余。十月，邓愈率部凯旋班师，到达寿春。十一月，邓愈因为常年征战，积劳成疾，与世长辞，年仅41岁。朱元璋闻讯，失声痛哭，无心朝政，停朝三日，亲自出城迎接灵柩祭奠。

邓愈一生忠心为主，骁勇善战，战功卓越，深得朱元璋的赏识和重用，为了纪念邓愈，朱元璋追封其为宁河王，谥号"武顺"。

戎马一生的名将俞大猷

人物名片

俞大猷（1503—1579），字志辅，福建泉州人。历史上著名的民族英雄、抗倭名将。同时还具有儒将、武术家、诗人、兵器发明家等众多称号。他最主要的历史功绩就是带领威名赫赫的"俞家军"，抵御了倭国的侵略。他与当时另一位抗倭名将戚继光被人并称为"俞龙戚虎"。

人物风云

俞大猷小时候特别喜爱读书，尤其是对兵书更加痴迷。他喜爱兵法，因此就拜赵本学为师，跟他学习兵法，后来又遇到当时的名士李良钦，在他的门下学习。不久，俞大猷就练就了一身高强的武功。俞大猷出生于世袭百户的军官家庭，他的父亲挣的饷银并不多，也仅仅够养家而已。对于支付俞大猷拜师学艺的经费，实在有些吃力。但是尽管如此，俞大猷没有因此改变自己的远大志向，而是更加刻苦努力地练习，等待将来能够报效朝廷。

嘉靖十四年（1535）的时候，俞大猷参加了本年的武举考试，他凭借自己多年的辛苦努力，终于在会试中夺魁，被朝廷授为千户侯，前往金门守御。那里的治理难度非常大，人们常常会为了一些鸡毛蒜皮的小事就互相诉讼，不肯相让。俞大猷了解了情况，刚一上任，就以理耐心地做双方的工作，一段时间之后，本地的诉讼纠纷明显减少。

但是不久，他就发现这里的海寇十分猖狂，在很短的时间内竟然多次侵扰内地，致使该地的灾祸频繁发生，百姓的生活也不得安宁。面对这种情况，俞大猷立即写了奏章向提刑按察使司上书，同时还提出了系列追剿海寇的具体方案。但没想到，他的这次上书不但没有得到肯定，反而还挨了板子并且被罢免了职务。过了没多久，兵部尚书毛伯温去安南出征，俞大猷决定向毛伯温上书，并且也陈述了他的用兵计策，同时还请求能够从军出征。毛伯温非常欣赏他的才能，认为他是一个不可多得的人才。但是由于此次毛伯温出征安南不利，所以这一次俞大猷仍然没有被任用。

直到嘉靖二十一年（1542）的时候，蒙古俺答汗带兵大举侵犯明朝边境，朝廷急需用人。于是明世宗颁布诏书，向全国征召武艺高强的勇士参军入伍。俞大猷自告奋勇报名参战，御史记下他的名字并上报兵部。时任兵部尚书的毛伯温看到他的名字之后将他破格录用，并且送到了宜大总督翟鹏那里。

俞大猷被送到翟鹏那里以后，翟鹏以为他不过是一个耍枪弄棒的人，不免有些看不起他。但是又碍于毛伯温的面子，最终还是决定亲自接见一下。见面之后，翟鹏随口问了他几个有关兵法的问题，本想让他知难而退，但令他没有想到的是，俞大猷却能对答如流。翟鹏很吃惊，就又提出了几个比较难的问题，但他还是将问题轻松解答了。为了考验俞大猷，翟鹏又问他对眼前的兵事有什么看法，俞大猷也很快给出了回答，更是对当前的战事进行了严密而透彻的分析。

一番交谈下来，翟鹏对俞大猷很是钦佩，并向俞大猷施礼致意，此举使全军都感到震惊，但不知为何，翟鹏并未重用俞大猷。过了一段时间，俞大猷被毛伯温委任为汀州、漳州守备。

上任之后，俞大猷就在当地建起了一个"读易轩"，与当地读书人一起举办文会，还教士兵击剑。不仅如此，他率领部队奋勇作战，灵活用兵，接二连三地将海寇的进犯击退了，随后他就因功升任都指挥佥事。

这时候，广东的新兴、恩平等少数民族地区发生叛乱，朝廷派俞大猷前往处理。在此事上，他没有动用武力，而是对当地人民关爱有加，不但教他们武艺，让他们自卫，还巧用计策为当地铲除了一个恶霸。经过了一番努力，他又招降了许多首领，不费一兵一卒地平定了这一带的叛乱。

刚刚平定了新兴、恩平的叛乱，沿海一带的倭寇变得猖狂起来。他们不断深入内地烧杀抢掠，不仅给当地的百姓带来极大的痛苦，对明朝统治更是一种严重威胁。明朝政府经过思虑，下定决心组织军民抗击倭寇的进攻。

嘉靖三十一年（1552）的时候，倭寇的侵犯更将猖獗，开始入侵浙江。这一次的倭寇来势汹汹，没有多久就突破了宁波和绍兴的防线，转而又将矛头指向了松阳。

就在朝廷对倭寇的进攻无能为力的时候，俞大猷的出现解决了朝廷的燃眉之急。朝廷派他带领军队前往浙江抗倭。俞大猷刚刚到任，立即对当地的情况做了详细地勘察，他发现敌军并没有固定的据点，所以没有办法集中兵力进行大规模围剿。他经过研究，决定在水道上对敌船进行阻拦，堵住敌寇返回的水路，然后将他们围起来一起消灭。

这时候有人对于他的计策不是很认同，担心倭寇没有退路，被逼无奈下会直接深入内地，这样就会造成更大的祸害。但是俞大猷已经清楚地分析了战况，对此事胸有成竹，并且向大家详细解释了利弊。朝廷派张经为右都御史兼兵部右侍郎，任命俞大猷为苏松副总兵，二人共同抗击倭寇的进攻。这一战，俞大猷领导士兵大败倭寇。但是很快，就又引发了倭寇更大规模的进犯。这次敌人不仅兵多势众，而且占据有利的地形，所以俞大猷最终选择以守为主的战略措施。在战争中占领敌人入海的要道，将他们的退路彻底切断。这样，不仅有利于牵制敌军，还可以为自己赢得更多等待援军的时间，等到朝廷派遣的援兵一到，就迅速予以出击，将倭寇一举歼灭。

张经对俞大猷的作战计划表示支持，双方互相配合，终于再一次击退了敌人的进攻。但是令人气愤的是，这一仗下来，俞大猷带领士兵出生入死打下的战功，却被严嵩的党羽冒领了。俞大猷的军队对此愤愤不平，但俞大猷却胸襟坦荡地规劝将士要摒弃个人荣辱，以保家卫国为重。

此后，倭寇更是屡屡进犯明朝的沿海地区，明军再次泛舟出海。俞大猷联合金事董邦政分兵攻打前来进犯的倭寇，将大部分的倭寇都击退了，同时缴获了敌人9条战船。但是余下的300多名倭寇却屡次将赵文华率领的明军打败。这时候，巡抚曹邦辅却上书朝廷对俞大猷进行弹劾，说他放纵敌人在明朝边境胡作非为。明世宗不辨黑白，立即下令削夺了俞大猷的世袭特权，并且让他继续抗击倭寇戴罪立功。

这个时候，周浦的倭寇因为多日被明军围困，终于忍不住狗急跳墙，连夜向东北方向逃跑了，后来又遭到了明军的伏击，最终明军大败倭寇。

后来又赶上舟山倭寇横行，俞大猷被派去抗击舟山的倭寇，经过努力将那里的敌军全部歼灭了。俞大猷也因此被提升为都督佥事。这一战之后，倭寇不服，又卷土重新占领了舟山。但是这一次因为明朝海盗江直的同党毛海峰与倭寇互相勾结，致使这次的抗倭战争挫败。嘉靖三十七年（1558），倭寇逐渐守不住舟山，便从岑港迁移到了柯海。俞大猷乘此机会将敌船击沉，经过将士的奋力抗击，舟山一带的倭寇被扫平了。

虽然这次对倭寇的围剿也胜利了，但是明朝官军围困倭寇那么长时间，早已疲惫不堪。这时候明朝官员胡宗宪认为放倭寇走更有利，于是暗中让倭寇逃走。御史李瑚就以此事为借口对胡宗宪进行弹劾，但是卑鄙的胡宗宪却将这个罪名推到了俞大猷的身上，皇帝没有查清真相就将俞大猷投入了监狱，并再一次削夺了他的世袭特权。

后来，明朝军队在安银堡与敌人抗击，又由于好友陆炳的搭救，皇上下令释放俞大猷，让他辅助指挥抗战，最后取得了安银堡大捷。之后经朝廷的批准，俞大猷又参与了袭击板升的战役，最终也获得了胜利。至此俞大猷的世荫再一次恢复。敌寇又转到广武一带进行烧杀抢掠，俞大猷被任命为镇笃参将，带领军队抵抗倭寇的入侵。

嘉靖四十年（1561）七月，俞大猷被朝廷派去平定广东饶平的进犯倭寇，那里的倭寇近几年来都没有被平定。后来经过俞大猷和将士们的顽强抵抗，这一带最难对付的倭寇终于被平定了。嘉靖四十一年（1562）的时候，倭寇向福建沿海地区进犯，先后将明朝的兴化、平海卫等地攻陷了，并且想要以此为据点，对明朝展开大规模的侵扰。于是朝廷以俞大猷为福建总兵官，以谭纶为右金都御史，前去围剿倭寇。四月，戚继光率浙江兵前来支援，两军联合围剿那里的倭寇。

俞大猷平倭十余年，名震南方，他本人秉性刚直、不懂诌媚，所以也得罪了朝中不少权贵之人。但是他为将廉洁，有操守。同时又治军有方，纪律严明，他带领的"俞家军"作战英勇，大军所到之处，令敌人闻风丧胆，为平定海疆倭寇作出了巨大的贡献。

"戚家军"的创建者戚继光

人物名片

戚继光（1528—1588），字元敬，号南塘，卒谥武毅，山东登州（今山东蓬莱）人。他是历史上著名的民族英雄、抗倭将领，同时也是一名伟大的军事家，与俞大猷齐名。戚继光率领明朝军队十多年间在浙、闽、粤等沿海地区抗击来犯明朝边境的倭寇，经历了大小八十多次战争，终于扫平了倭寇的祸患。他带领的抗击倭寇的军队被世人称为"戚家军"，同时他也有多部军事著作及诗作流传于世。

人物风云

戚继光出生于一个将门世家，他的父亲戚景通世袭登州卫指挥佥事，曾经担任过都指挥、大宁都司掌印、江南漕运把总等职位。他的父亲武艺精熟，为人刚正不阿，对朝廷更是忠心耿耿。戚继光深受家庭环境的影响，从小就非常喜欢军事。戚景通对他抱有的期望也很高，从小就亲自教他读书写字，陪练武艺，还经常为他讲解一些为人处世的道理。

嘉靖二十三年（1544）的时候，他的父亲因病去世，戚继光承袭了父亲的职位，做了登州卫指挥佥事，那时候的他只有 16 岁。

到了嘉靖二十八年（1549），朝廷开展武试，戚继光考中武举，第二年又进京会试，正好赶上蒙古的俺答汗带兵围攻京城，戚继光被临时受命带兵守卫京城的九门，就在这期间，他就进行了两次守御方面的上书。

嘉靖三十二年（1553），戚继光被朝廷提升为都指挥佥事，对登州、文登、即墨三营共二十五个卫所进行统一管理，对山东沿海的倭寇进行防御和抵抗。戚继光到任以后，立即着手对军队进行整顿，加紧训练士卒，严明军纪，大大改善了山东沿海的防务情况。

嘉靖三十五年（1556）九月的时候，倭寇带领八百多人开始进攻龙山所，戚继光听到消息立刻带领着自己的军队前往抵抗。倭寇将军队分成三路进行攻击，对于他们的攻势，明军纷纷溃退，在这危急之时，戚继光一连三箭射杀了三个倭酋，倭寇被迫后退。十月，倭寇又一次进犯龙山所，戚继光与俞大猷等人率领明朝军队进行抗击，他们三战三捷。在这次的龙山所之战中，戚继光初步显示了他的军事才能。不仅如此，经过这次战役，戚继光深刻地认识到了明朝军队缺乏训练、没有实战经验、临阵畏缩的弱点，于是，他向自己的上司提出训练军队的建议。

嘉靖三十八年（1559）的时候，戚继光练兵的建议被批准。偶然一次机会，他目睹了矿工之间互相打架的场面，于是决定从他们中间招募军队，大约招募了将近四千人，戚继光开始对他们进行严格的军事训练，后来这支军队成了历史上有名的戚家军。第二年，戚继光分析了倭寇作战的特点，和沿海的复杂地形创立了能够有效攻防的"鸳鸯阵"。

嘉靖四十年（1561）的时候，倭寇再一次挥兵大举进犯浙江，船只多达数百艘，人数也高达两万，戚继光带领自己训练的戚家军在台州一连和敌军进行了十三次大战，并且全都取得了胜利，使倭寇遭到了毁灭性的打击。自此浙江的倭患基本被平息了。后来戚继光被提升为都指挥使，他带领的"戚家军"也由此而闻名天下。

嘉靖四十一年（1562）冬天，倭寇攻陷了兴化府城，在那里烧杀抢劫，无恶不作。第二年的四月，戚继光奉诏带领戚家军迅速到达了福建。戚继光带领军队对入侵的倭寇采取火攻的方式，最终打败倭寇。

平海卫之战之后不久，又有大批倭寇登陆。嘉靖四十二年（1563）十一月，两万多倭寇开始对仙游进行围攻，城内军民昼夜死守城门，双方都付出了惨重的代价。谭纶和戚继光率领军队前来解救，但这时的戚家军只有六千人，与敌军的人数相差甚远，直到第二年的一月，换防的军队到达了这里，戚继光对所有的军队进行了周密部署，各路大军相互配合作战，终于将倭寇全部打败，解除了仙游之围。戚继光在这次兵力悬殊的战役中，以丰富的实战经验和灵活的作战方式大获全胜，体现了他卓越的军事才能。

隆庆二年（1568），刚刚平定了"南倭"的战乱，戚继光又奉命前去蓟州抵御"北虏"的侵犯。他被任命为神机营副将，后来又被朝廷任命为蓟镇总兵，负责军队的军政事务。戚继光到任以后一面加紧对士兵的训练备战，一面加紧构建军事防御地，积极准备应战。

万历二年（1574），朵颜酋长和他的侄子企图率领军队直接入京骚扰，但最终被戚继光击退。第二年，他们再次率兵南下，朵颜部的长秃被俘虏了，加上此时的明军防御稳固、兵力强盛，朵颜酋长就率兵叩关请降了，"被虏"问题最终得以解决。戚继光在北边巡防驻守了十六年，加紧了边关的防守，有效地保证了京畿和华北地区的安宁。

万历十一年（1583），戚继光奉诏调往广东。当时的广东相对平安，由于长年在外征战，他的身体每况愈下。最后，他只得辞官回家休养。

万历十三年（1585），戚继光回到了自己的故乡山东。仅仅过了两年的时间，他就在清贫与寂寞中与世长辞了，终年60岁。

戚继光作为明代著名的一位抗倭将领、军事大家。他戎马一生，南征北战，为明朝消除了"南倭北虏"的两大边患，被后人尊敬地称为民族英雄。戚继光著有《纪效新书》《练兵实纪》两部兵书，是他多年来实战经验的总结，其中所包含的军事思想对后世的军事家有着极大的影响。另外，他还有诗文集《止止堂集》在世。

半世功名终成空的袁崇焕

人物名片

袁崇焕（1584—1630），字元素，出生于广州府东莞县（今广东东莞）。万历四十七年（1619）的时候考中进士，是明朝末年著名的政治人物和文官将领。曾经统领兵部，在山海关和辽东进行守卫；指挥过历史上著名的宁远之战和宁锦之战。但他最终因犯了用兵的大忌，被崇祯帝加以罪名正法。

人物风云

袁崇焕，出生在广州府东莞的一个商人家庭。万历三十四年（1606）八月的时候，22岁的袁崇焕在科举中考中了举人。之后，他又先后四次赴京赶考，但都落榜了。直到万历四十七年（1619）的时候，袁崇焕再次赴京去参加会试，这次的他终于考中了进士，被授予了福建邵武知县。袁崇焕在任期间，积极整顿吏治，为当地的百姓断狱雪冤，刚正不阿，因其尽心为民办事，深受当地百姓的爱戴。

天启二年（1622）一月，袁崇焕遵照明朝的规定，到京师朝觐皇帝并接受朝廷对官员政绩的考核。恰巧当时，辽东告急，伴随着广宁和义州相继失守，辽东的军事防线也面临着全面崩溃的危险。后金军势强大，致使京师满朝文武官员谈敌色变。就在当时紧急的情况下，袁崇焕单骑出关，巡视了战前的形势。回京后，他向皇帝禀报了关外军事情况，并自动请缨去关外抗敌。到了辽东，他认真分析了当时的敌情，并且上书朝廷，朝廷经过了商议，都采纳了他的建议。并且派孙承宗前往辽东督战。

天启三年（1623）初，袁崇焕接受孙承的调命前往蒙古喀喇沁诸部，将沦陷的八里铺至宁远的失地全部收回。九月，袁崇焕接受命令驻守宁远城，并且构建关宁的防线方略。袁崇焕制定了全方位的部署，不但积极营筑防御工事，还一面督率军民造械练兵，一面开始垦荒屯田、充足粮草，他的努力终于使边关的危机形势得到了好转。十月的时候，袁崇焕回京复职，正好赶上父亲去世，他上奏朝廷还乡奔丧，但明熹宗不准奏，他只好放下孝道，选择了忠义，只得又重新回到了宁远。后来又赶上孙承宗因故调任并最终请辞，袁崇焕接受朝廷命令管理辽东的军政事务。

天启六年（1626）一月，后金率军攻打明朝辽东地区，最终打到了宁远城。袁崇焕召集军中的将领进行商议，决定死守。经过与金军三天三夜的大战，明军终于守住了宁远城。这次战役中两军实力相差甚远，但明军在袁崇焕的带领下，灵活作战，最终以少胜多，取得明朝抗金的首次胜利，历史上称为"宁远大捷"。

天启七年（1627）五月，皇太极为了给父亲报仇，率领十万大军亲自西下进攻锦州。袁崇焕带领明朝军队死守锦州，可是面对敌我悬殊的军事实力，他挥刀写下血书激励将士，袁崇焕虽然身受重伤，血染战袍，但他坚持在城楼上昼夜督战。皇太极连番进攻但都没有成功，伤亡惨重，最终只得撤向了锦州。锦州的守军凭借坚固的防守工事，加上火炮利箭和全城军民的拼死抵抗，与金军进行了将近一个月的血战。明朝大军虽然伤亡惨重，但还是保住了明朝的疆域。皇太极在这一战中也损兵折将，不得不退守到沈阳。这是明军反抗后金侵略的第二次大的胜利，历史上称为"宁锦大捷"。这一年的八月，明熹宗驾崩，崇祯帝刚刚即位就把奸臣魏忠贤诛杀了。

崇祯帝即位以后，对袁崇焕委以了重任，并且赐给了他尚方宝剑。袁崇焕回到宁远城以后，开始着手管理边防事务，加紧练兵。期间，金军又攻陷了不少城池，袁崇焕开始招募士兵，积极备战。在备战期间，东江总兵毛文龙，自恃功高不听调度。袁崇焕亲自劝解，晓以大义，希望他能够有所收敛，恪守纲纪。但毛文龙不但不听，还公然分立军队，袁崇焕没有办法，罗列了他十二条罪状，持尚方宝剑将他斩杀了。

崇祯二年（1629）十月，皇太极又亲率十万大军卷土重来，他绕过袁崇焕驻守的山海关直接进入了北平。后来袁崇焕临危受命，带领自己的军队救援，统领各镇援兵指挥战斗。十七日，袁崇焕见敌情严重，就没有顾忌到明朝律法：非禁卫军不得入京畿的禁忌，率领九千骑兵直接到达了广渠门外。二十日，袁崇焕与祖大寿带领军队与金军奋战了一整天，让金军败退到三十里之外。后来，经过多日的战斗，皇太极发现强攻不下，于是假作"议和"之态，暗中施行了"反间计"。他命手下的将领假扮袁崇焕和皇太极秘密商量事宜，让俘虏的太监窃听，又故意让太监逃脱，逃脱的太监回去之后就将此事报奏了崇祯皇帝，崇祯帝竟然对此事深信不疑。十二月一日，崇祯帝找借口召回袁崇焕，并指责他"擅杀毛文龙"等事，将袁崇焕逮捕入狱。

崇祯三年（1630）一月，后金兵力连遭重创，皇太极只得将大军撤回沈阳。八月，崇祯帝就将袁崇焕以"咐托不效，专恃欺隐，以市米则资盗，以谋款则斩帅，纵敌长驱，顿兵不战。及至城下，援兵四集，尽行遣散。又潜携喇嘛，坚请入城"等罪名施以磔刑。一代名将就这样被冤枉斩杀了。袁崇焕在行刑前，大声喊出了自己的临终遗言：一生事业终成空，半世功名在梦中。死后不愁无勇将，忠魂依旧守辽东。

袁崇焕本是一介书生，但在国家内忧外患、民族危难的时候，他弃笔从戎，挺身而出，肩负起了保家卫国的重任。他以自己的机智和勇猛多次打退后金军队的进攻，造就了历史上以少胜多的几次奇迹战役。但是他的一生却是悲惨的，他为了实现自己心中的民族大义，毅然接受命令，放弃了为父奔丧的责任。可就是这样一个心怀大义的英雄将领也抵挡不了小人的奸计陷害，最终落得入狱枉死。

虎踞辽东三十年的总兵李成梁

人物名片

李成梁（1526—1615），字汝契，号引城，辽东铁岭人，明朝后期的一员大将。奉旨镇守辽东30年多年，在此期间，曾先后十次奏大捷。但因为位高权重，贵极而骄，奢侈无度，万历三十六年（1608）遭弹劾被皇上罢免。万历四十三年（1615）卒，享年90岁。

人物风云

李成梁，辽东朝鲜人后裔，他的祖父李英投奔明廷，被授予铁岭卫指挥佥事一职。后来，家道中落，之后因为李成梁屡建战功，隆庆四年（1570），任辽东总兵。纵横沙场四十多年的李成梁，镇守辽东近三十余年，与北方游牧部落多次激战，大获全胜。几十年间，李成梁多次立头功，为明朝开疆拓土，立下汗马功劳，战绩卓越。李成梁凭借镇边的辉煌战绩被皇上晋封为宁远伯，世袭锦衣指挥使。

嘉靖五年（1526），李成梁出生在辽东铁岭一个将门家族。后来，家道中落，不得志的李成梁一直到40岁才得到晋升的机会，被任命为铁岭卫指挥佥事。李成梁奉旨镇守险山堡，从此以后，李成梁开始了他真正意义上的军政生涯。

隆庆元年（1567），土蛮部大举进攻永平，李成梁奉旨率部支援，因功晋升担任险山副总兵一职，同时担负起驻守辽阳的重任。

隆庆四年（1570）十月，李成梁升为辽东都督佥事，戍守广宁。从此之后，李成梁在辽东地区大显身手。嘉靖后期到隆庆年间，北方的鞑靼插汉儿部落曾多次进攻辽东。此后十年期间，明朝惨死三员大将。自李成梁上任，便开始招兵买马，大肆拓展军队，军队的实力日渐强大，组成了一支让敌人闻风丧胆、所向披靡的辽东铁骑。

隆庆五年（1571），李成梁和他手下的副将赵完在卓山夹击敌人，大败敌军，斩获甚众，皇帝龙颜大悦，封李成梁为署都督同知。之后，李成梁率部击溃了插汉、朵颜等部的数次进攻，屡立战功。

万历二年（1574），李成梁凭借火攻的方式攻破了敌军，掏了建州女真首领王杲的老窝，因公授予左都督的职位。第二年，李成梁开始大兴土木，先后建成宽奠、长甸等六堡，拓展疆土七百余里。他奉命出兵沈阳，利用火器的强大威力大破泰宁部炒花、插汉部黑石炭两员大将率领的两万余骑，得胜归来。

后来，速巴亥率军进犯明朝边境，皇帝速命李成梁亲自率领辽东铁骑，长途跋涉，日夜兼程，奔袭二百里，直捣敌军大营。在毫无防备的情形之下，蒙古大军被李成梁的铁骑军打得落花流水，死伤无数，蒙军更是折损了五员大将。皇帝因此对李成梁更加器重。速巴亥大军经过八个月的修整，再一次进犯明朝边境。速巴亥发誓这次一定要活捉李成梁，一雪前耻。李成梁再一次迎战蒙古大军，李成梁深知如果硬碰硬，一定会两败俱伤，于是采取偷袭的策略，大败速巴亥。这一次，速巴亥大军遭到前所未有的打击，元气大伤。前方连连捷报，神宗朱翊钧大喜过望，率领大臣去祖庙焚香祭祖，将李成梁册封为宁远伯。之后，李成梁又大败土蛮，攻破女真首领卜寨的营垒，大明皇朝的疆域越来越大，而李成梁的功绩是不容小觑的。

万历十八年（1590），李成梁奉命遣兵出塞袭击插汉部，不料中途遭伏，伤亡惨重。李成梁害怕皇帝怪罪，竟然隐瞒败绩，报功领赏。这种冒功的伎俩，李成梁也不是第一次使用了，过去是因为得到张居正的庇护，朝廷才睁一只眼闭一只眼，不予深究。而现在已经今非昔比了，张居正去世，李成梁却还是不知收敛，依然我行我素。谏官好不容易抓住李成梁的把柄，便迫不及待地禀报了皇上，不仅如此，还大造舆论，一时间，朝廷对此议论纷纷，使得神宗渐渐疏远了李成梁，对他也不再像从前那样信任了。

第二年，李成梁又想借事邀功领赏，便自作主张，命令手下副将李宁袭击板升，结果偷鸡不成反蚀把米，损兵数千。同年十一月，朝中大臣又一次弹劾李成梁多次欺瞒圣上，谎报军情，神宗接受了言谏官的上书，下旨将李成梁革职查办。李成梁镇辽使命就此结束。

李成梁革职之后，辽东一直没有可担此重任之人。而李成梁的长子李如松曾跟随父亲征战多年，算得上是一位可用之才，曾在援助朝鲜、平定哱拜的两次大的战役中任主将，都是完胜告捷。万历二十五年（1597），神宗力排众议，选择李如松担任辽东总兵。但是仅仅一年的时间，李如松便战死在同蒙古部落的战役中。

万历二十九年（1601），努尔哈赤异军突起，统一女真，锋芒日渐强硬，矛头直指明朝。辽东的局势越发严峻，75岁高龄的李成梁不得不再度出山。可是，李成梁毕竟年事已高，加上努尔哈赤已经是今非昔比，他的势力日益强大。此时的李成梁为了保全自己，只得一而再、再而三的杀良冒功，虚领军饷，谎报军情，使辽东形势更加恶化。

万历三十六年（1608），谏官再次弹劾李成梁，神宗半信半疑，速派御史熊廷弼去辽东进行查证。熊廷弼收集了李成梁数十条罪状，回京后如实禀告给了神宗。神宗听后，龙颜大怒，但念在李成梁为朝廷建立过不少功业，从宽处理，没有给予严厉处罚，仅仅罢免官职，贬为平民。

万历四十三年（1615），李成梁因病去世，享年90岁。

收复台湾的民族英雄郑成功

▶ 人物名片

郑成功（1624—1662），本名森，字明俨，号大木，福建南安人，明末清初的一位伟大军事家，后人称颂他为民族英雄。郑成功的父亲是当时赫赫有名的海盗郑芝龙，母亲是日本人——田川氏。因为父亲郑芝龙投降清军后被俘虏，郑成功为了替父报仇，领军与清军对抗了十五年之久，是南明抗清势力中的主干力量。郑成功一生，抗清驱荷，以赶走荷兰殖民主义者、收复祖国领土——台湾的业绩载入史册，海峡两岸均立像树碑纪念。有《延平王集》行世。

▶ 人物风云

郑成功在日本出生。父亲郑芝龙是当时大名鼎鼎的海盗，在中国东南沿海海域及日本等海域颇有名望，势力强大。他的母亲是日本人田川氏。6岁之前，郑成功一直跟着母亲住在平户，母子二人相依为命，郑成功的童年过得很快乐。随着时间的流逝，郑成功渐渐长大，和平安逸的生活也随之结束了。

郑成功的父亲郑芝龙因蒙受明朝皇帝的赏识，被朝廷招安任官，郑成功跟随父亲回到了泉州府南安县石井津居住，在那上学读书。崇祯十一年（1638），郑成功在科举考试中考中秀才。崇祯十四年（1641），郑成功娶福建泉州惠安进士礼部侍郎董飏先的侄女为妻，夫妻二人举案齐眉，相敬如宾，生活很幸福。

崇祯十七年（1644），郑成功拜钱谦益为师，以求深造。也就在这一年，李自成围攻京师，大获全胜，崇祯帝自缢，明朝灭亡。之后，吴三桂引领清军进入山海关，福王朱由崧登基，改元"弘光"。

弘光元年（1645），大清豫亲王多铎攻破了扬州、南京，弘光政权灭亡。之后，郑芝龙、郑鸿逵二人于福州拥立唐王朱聿键即位，改元"隆武"。郑芝龙立下了汗马功劳，他的儿子自然也得到朝廷的恩惠了。

隆武元年（1645），郑成功深得隆武帝的赏识，赐封为忠孝伯，任御营中军都督，并赐国姓，改名为"成功"，册封礼同驸马一样。因此，郑成功又被称为"国姓爷"。

隆武二年（1646），郑成功领军，奉命进出闽、赣境内，多次与清兵展开大战，颇受皇上的器重。然而，郑成功的父亲郑芝龙却暗中与满清官员联系，准备投降。洪承畴与郑芝龙是同乡，在洪承畴的利诱之下，郑芝龙不顾及郑成功、郑鸿逵等人的坚决反对，执意北上降清。郑芝龙降清不久，清军将领就背信弃义，将郑芝龙及其家眷挟往燕京，与此同时出兵攻打闽南南安，郑成功的母亲田川氏于战乱中自杀身亡。郑成功得到噩耗之后，悲痛不已，而母亲的死也更加坚定了他抗清的决心。同年十二月，郑成功以"忠孝伯招讨大将军罪臣国姓"之名，誓师反清。

隆武三年（1647），郑成功与郑彩的部队会合，攻打海澄。八月，郑成功又与郑鸿逵共同围攻泉州城。

隆武四年（1648），前朝浙江巡抚卢若腾来归，郑成功再一次出兵反击，一举拿下同安县。五月，郑军又围攻泉州。此后，清军抵达泉州，郑成功势单力薄，怆然退回海上。

永历三年（1649），郑成功改奉永历年号为"正朔"。永历帝封他为延平王。

十月，郑成功再一次挥兵南下。

永历四年（1650），郑成功攻取潮州。

永历五年（1651），郑成功抵达南澳。

永历六年（1652），海澄的守将赫文兴亦被郑成功降服。

永历七年（1653），金砺进犯海澄，与郑成功展开激烈战斗。

永历八年（1654），定西侯张名振得见清军已将军力集于福建境内，便向郑成功请师，同时率领上百艘战舰北上，意图夺取江南等大部分地区。十一月，漳州协守刘国轩向郑成功投降，带领郑成功的大军浩浩荡荡进入了漳州府城。

永历九年（1655），永历帝授予郑成功特殊的恩赐，特准郑成功可以委任官职。郑成功亦将厦门改名思明州，并派人建造了演武亭，作为操练士兵的场地。

永历十年（1656），郑成功在护国岭战役中大获全胜。

永历十二年（1658），郑成功亲自率领水陆军十七万军队与浙东张煌言会师，大举北伐，大军在羊山海域遭遇飓风，损失非常惨重。次年，郑成功决定再次北伐，这次不同先前，郑军接连攻下镇江、瓜洲，进而包围南京。本以为这次可以一雪前耻，但最终没能如愿，因为一时疏忽中了清军缓兵之计，遭到清军突袭，导致损兵折将，以失败收场。

永历十四年（1660），郑成功在福建港歼灭清军水师四万余人，大获全胜。

永历十五年（1661），由于北伐失败之后，军中粮草严重不足。为了解决军队后勤给养的问题，郑成功决意前往台湾。郑军在台江同荷兰军队舰展开激烈的海战，击沉了荷军的军舰，同时取得了台江内海海域的控制权。由于郑成功的步步紧逼，四月五日，普罗民遮城的守军投降。五月五日，郑成功改赤茨为东都明京，并设一府二县，为承天府、天兴县和万年县。

永历十五年（1661），荷兰东印度公司在巴达维亚调遣援军到达台湾大员。七月中旬，停泊在外海的荷兰援军因遭遇强风侵袭，被迫离开了大员海岸。八月中旬，在与荷兰军队的台江内海的战役中，郑军大获全胜。同年十二月，德籍荷兰士官叛逃，郑成功炮轰击毁乌特勒支碉堡，使热兰遮城之破最终成为定局。十二月八日，荷兰表示同意"和谈"，退出了台湾。

郑成功因多年征战，久病成疾，再加上军事上的压力和其子的不当行为等多方面因素的影响。郑成功于永历十六年（1662）五月去世，年仅39岁。郑成功的一生风光无限，战功赫赫。收复了台湾，受到了人民的敬仰和爱戴。他的丰功伟绩也被后人记载，永载史册。

为国捐躯的史可法

人物名片

史可法（1601—1645），河南祥符（今河南开封）人，明末政治家，军事统帅，左光斗的学生。他从小聪慧，学习十分勤奋刻苦，善于写作。明朝兵部尚书、东阁大学士，后因抗清不屈而死，是我国著名的民族英雄。

人物风云

天启元年（1621）的冬天，史可法回到原籍大兴考试，住在一座古庙里。有一天晚上，刻苦学习的他因疲惫趴在书桌上睡着了，正好顺天府学政左光斗进来避雪，读完他放在桌上的文稿后，觉得他很有才能，于是脱下身上的貂裘为其盖上。后来经过询问，知道了他的名字。考试的时候，左光斗又与史可法相逢，他作为主考官在听到有人喊史可法的名字后，就一直注意着他，由于他之前就看过史可法的文章，在看完他的试卷后便将其定为第一。之后，他对自己的妻子说："我几个儿子的才能都不好，只有这个小子以后能继承我的事业。"左光斗十分看重史可法，史可法也很敬佩左光斗的为人，左光斗深深影响着史可法。

明朝末年，政治腐败。在政治和经济上，东林党与阉党都有着不可协调的利益冲突，不可避免地发生了激烈的斗争，但由于阉党手中握着皇上这张王牌，最终东林党惨遭失败。

天启四年（1624），左光斗弹劾奸宦魏忠贤。还没有递上奏章，魏忠贤就知道此事，于是很快就将其罢官。天启五年（1625），左光斗由于魏忠贤镇压东林党的事情而被打入诏狱。因怕被牵连，左光斗的朋友都不敢去探望。史可法思师心切，一直想找机会去探望。当时，魏忠贤戒备得很严，不准任何人探监。

有一天，史可法买通了守牢的人混入牢。史可法见到了因遭受火刑而变得面目全非的左光斗，他的左膝筋骨也被挑断，史可法低声哭着跪在他的面前。靠在墙壁的左斗光听出了史可法的声音，使出全力拨开黏合的眼皮，指着史可法说道："你这个笨蛋！竟然敢来这里，知道这是什么地方吗？你居然轻视自身责任，那谁来支撑国家大事？我是活不长了，你再跑到这儿来，让人害了你，谁来继承我！"说完，左光斗摸索着拿起地上的铁链，作出要打他的动作。史可法伤心欲绝，哭着出了监牢。

不久，左光斗就在狱中死去。史可法每次想起他死前说的话，内心就无比激动，他经常对人说："我老师是铁石心肠，他无所畏惧、勇往直前的精神，同天地永存！"他始终记着老师的教导和期望，化悲痛为力量，下定决心要做个像老师一样尽忠国家的人。

崇祯元年（1628），史可法高中进士。同年，他被任命为西安府推官，自此他的政治生涯开始了。在他担任西安推官的时期中，当地发生灾荒，他体恤百姓，赈荒工作能熟练胜任，因此他声名大振。

崇祯五年（1632），朝廷将他调回京城任户部主事，不久晋升为员外郎，后来又被升为郎中。他在户部，掌管太仓和辽饷，每天经手的钱粮无数，但他却保持清廉。当时在官场上贪污受贿成风，像他这样的为官清廉的人，真是少之又少。

崇祯十年（1637），史可法被提升为右佥都御史。后来因蝗灾发生，粮价飞涨，他一边命令官民捕灭蝗虫，一边调集粮食，上疏请求皇帝罢免百姓的田赋。

他将减少百姓的负担放在第一位，处处约束自己，生活十分俭朴，自己种植粮食蔬菜，一年四季都穿着同一件官服。

史可法为了解除六安地区老百姓的沉重负担，下令取消了当地百姓每年为官府养一批马的规定，改由官府雇人养马。除此之外，他还严惩了贪污勒索严重的官吏。

史可法带兵军纪严明，十分愤恨扰害百姓的官吏，处罚也非常严厉。有一次，一位姓苏的士兵杀害了六安县的一个老妇。他马上将其正法，没想到的是，这位士兵的同伙竟然暗中勾结了一百多人，在军中寻衅滋事，晚上更是放起火来，想乘乱杀害史可法。史可法命令身边的人马上带着公事文件躲避。而他面对蜂拥而至的乱兵，并不惊慌，而是手提宝剑端坐在大堂上。乱兵面对正气凛然的他，都失去了勇气和信心，一个个都灰溜溜地逃走了。事后，史可法立即派人调查因起火而受害的主户，赔偿他们的损失。

史可法不但心系民生苦难，而且对朝廷也忠心耿耿。崇祯十年（1637）七月，他巡抚安庆、庐州等地。因为政绩斐然，所以崇祯帝十分欣赏他。

崇祯十四年（1641），史可法被提升为户部右侍郎兼任右佥都御史，主要负责的是总管漕运，巡抚凤阳、淮安和扬州等地。崇祯十六年（1643）七月，他被晋升为南京兵部尚书，并且参与朝廷决策。

崇祯十七年（1644）十一月，当史可法走水路抵达鹤镇时，清兵已攻取宿迁，他立刻带兵赶到南边的白洋河，并下令让总兵官刘肇基火速前来救援。清兵转而去围攻邳州，刘肇基在收复宿迁后立即赶去救援邳州，于是邳州解围。

在此之前，清军向南进军的时候，清朝的摄政王多尔衮就给史可法写信说道："清政府战胜了农民军，在北京建都，这个政权是唯一合法的。南明建国，是坐收渔翁之利，应该将国号去掉。"还说，如果福王能归顺清政府，南明的君臣们都能享受高官厚禄。

史可法并没有因为清政府的威逼利诱而投敌。在回信中，他严厉地斥责了多尔衮，并表示要抵抗清朝到底，坚决不向其屈服。

清军兵临城下后，并没有马上攻取城池，而是派降将李遇春去劝史可法投降，屡遭拒绝后，多尔衮仍不死心地连续给他写了五封信，他看都没看就将信给烧了，这时有两个将领带着部下背着他投靠了清军，更加减弱了防守扬州城的力量。

史可法知道已经军心涣散，扬州难保后，仍然决定作最后的努力。他召集全体官兵说："如今军情十分紧张，淮安已经失守。扬州是江北的关键城镇，如果失守，南京也不能幸免。恳切地希望大家能同心协力，不分昼夜的严谨防守。如果有人胆敢扰乱军心，必定按照军法处置。"

史可法下令将整个军队分成迎敌、守城、巡查三个部分，随后他慷慨激昂地对守城的士兵说："上阵不利，守城；守城不利，巷战；巷战不利，短接；短接不利，自尽！"轰动历史的扬州保卫战就这样开始了。

诱降史可法的计策失败以后，清朝豫亲王多铎难以抑制愤怒的情绪。四月二十四日，紧逼扬州城下的清军，开始用大炮轰击城墙。史可法下令继续奋战，并叫人用沙袋堵住缺口。全城军民同心协力保卫扬州，英勇抗敌，清军自入侵关内以来，从来没有遭遇到像扬州这样顽强抵抗的军民，这次遭到激烈的抗击，清军死伤惨重。四月二十五日，多铎下达总攻扬州的命令，清军集中火力，用大炮轰击史可法亲自守卫的最为险要的扬州西门，将西门炸开了一个缺口，清军蜂拥而入。

参将许谨和副将庄子固同时抱住因城被攻克而想拔剑自杀的史可法，两人正准备护其下城时，却不幸中箭死去。这个时候，许多清兵走来，史可法看到后大声喊道："我就是史督师！"清兵立即抓住他，将其送去见多铎。多铎看到史可法后，十分恭谨地说："先生已经为明朝尽忠尽责，现在不知先生愿不愿意为我大清收复江南？"史可法听后非常生气，斥道："我永远都是大明臣子，坚决不会向敌军投降！"多铎见他仍然不屈服，知道再怎么诱降都不会成功，便说："那我便杀了你，成全你忠臣的美名吧！"临死之前，史可法道："我的心愿就是与扬州城共存亡，但是请你千万不要杀害这里无辜的百姓！"多铎没答应，并下令斩杀史可法。

史可法为国捐躯，终年44岁。

撼动朝野的宦官

七下西洋的宦官郑和

> 人物名片

郑和（1371—1433），原名马三宝。洪武十四年（1381）冬，明朝军队进攻云南。10岁的他，被俘后阉割成太监，之后进入朱棣的燕王府。在靖难之役中，他在河北郑州为燕王朱棣立下战功。永乐二年（1404）明成祖朱棣认为马姓不能登三宝殿，因此在南京赐他郑姓，改名为和，任为内官监太监，官至四品，地位仅次于司礼监。宣德六年（1431）钦封郑和为三保太监。

> 人物风云

郑和是中国历史上最为杰出的航海家。永乐三年（1405），他奉旨先后七次率领庞大的船队下西洋。宣德六年（1431），皇帝钦封郑和为三保太监。郑和的祖先是原西域布哈拉人，也就是元朝时期的色目人。元朝征服云南之后，设置了云南行省，郑和的先世赛典赤·赡思丁·乌马儿被派去了云南，成了地方统治者，死后被元世祖忽必烈封为"咸阳王"。他的曾祖父伯颜在元大德十一年（1307）出任中书平章一职。自郑和的祖父开始，便随母姓姓了马，他的父亲马哈只是元朝的滇阳侯。因为出生在回族家庭，小时候的郑和就对伊斯兰教的教义和教规十分熟悉。而且他的父亲和祖父都去伊斯兰教圣地麦加朝拜过，对西域的情况相当熟悉。少年时的郑和在和长辈们的交谈中，表现出了对外界强烈的好奇心。

洪武十四年（1381），朱元璋派出傅友德、沐英、蓝玉向云南进攻。在战争中，年仅十岁的马三保成了明军的俘虏来到南京，遭到了宫刑迫害之后成了一名太监。

洪武二十三年（1390），19岁的马三保被选入燕王府服役。

建文元年（1399），燕王朱棣发动了"靖难"之役，马三保和燕王一同出征。他表现出了无比的忠诚，出生入死，南征北战，经历大小战役无数次，并在郑村坎之战中为燕王朱棣立下赫赫战功，成了朱棣最信任的人。

永乐二年（1404）一月，朱棣觉得马姓不能登三宝殿，因此在南京御书"郑"字赐予马三保，从此他改姓郑，改名为和，担任内官监太监，升为四品，在所有太监中，他的地位仅次于司礼监。同年，郑和被派出使日本，通过他的行动，不仅让日本国主动出兵清剿在中国沿海的倭寇，而且还让日本和明朝政府建立了正式的外交关系，签订了一系列贸易条约，能取得这样的成果，朱棣十分满意。

永乐三年（1405），朱棣任命郑和为正使，王景弘为副使，率领水手、官兵两万七千八百余人，船只六十二艘，浩浩荡荡远航西洋。船队从南京龙江港起航，经太仓出海，途径占城（今越南南部）、马来西亚的马六甲、印度尼西亚的爪哇、苏门答腊及锡兰等地，经印度西岸折回，于永乐五年（1407）九月二日回国。通过这次成功的远航，让所有人认识到了郑和在航海、外交、军事、建筑等诸多方面表现出的出众才能。

永乐五年（1407）九月十三日，郑和在短暂的休息和调整之后，再次奉旨出发。这次，他的庞大的船队到达文莱、泰国、柬埔寨、印度等地，并在锡兰山迎请佛牙，带回了船上，于永乐七年（1409）平安回国。

永乐七年（1409）九月，郑和开始第三次远洋，他从太仓刘家港起航，这次有费信、马欢等人和他一同前往，他们先后到达越南、马来西亚、印度等地，在回国途中再次拜访锡兰山。于永乐九年（1411）六月十六回国。

永乐十一年（1413）十一月，郑和第四次下西洋。这次随行的有通译马欢，他们绕过阿拉伯半岛，首次航行东非麻林迪。至永乐十三年（1415）七月八日回国。

永乐十五年（1417）五月，郑和第五次下西洋。他途经泉州，到占城、爪哇，最远到达东非木骨都束、卜喇哇、麻林等国家，于永乐十七年（1419）七月十七日回国。

永乐十九年（1421）正月三十日，郑和第六次出发，前往榜葛剌（今孟加拉），因舟遭大风，中道返回。于永乐二十年（1422）八月十八日回国。

永乐二十二年（1424），朱棣去世，仁宗朱高炽继承皇位，朝廷因财政问题，不得不暂停了下西洋的行动。

宣德六年（1431）一月，宣宗钦封郑和为三保太监。郑和又一次率领船队开始了他的第七次远航。船从龙江关（今南京下关）起航，返航后，郑和终因劳累过度于宣德八年（1433）四月初在印度西海岸古里病逝。七月，他的遗体随船队回国，宣宗赐他葬在了南京牛首山南麓。

大明第一个专权太监王振

▷ 人物名片 ▷

王振（生卒年不详），明朝第一个专权太监，本来是一个教书先生，后来自阉进宫，英宗当太子的时候，他在身边服侍。太皇太后死后，王振勾结内外官僚，作威作福；在京城东造豪华府第，大兴土木；杀害正直官员。瓦剌大举入侵时，王振鼓动皇帝亲征，行至土木堡，被敌军追上，全军覆没，英宗被俘，王振在乱军中丧命。

▷ 人物风云 ▷

明太祖刚上位时，吸取了之前因为宦官专权导致国家混乱的一系列教训，定下一条死规矩，所有宦官不能干预国家政事。而且把这条规矩刻在一块大铁牌上面，挂在宫里，希望他的后代们世世代代遵守。但明成祖继承皇位后，这条规矩就被他废除了。

明成祖当时从他侄子手里夺来了皇位，因为怕大臣们反对，所以特别信任身边这些太监，在他把明朝迁都北京以后，他专门在东安门外设立"东厂"，专门派人打听大臣和百姓当中有没有反对他的人。因为怕大臣对他不忠，他让最信任的太监做东厂提督。就这样，宦官的权力一点点得到提升。明宣宗在位以后，就连皇帝日常的奏章，都会交给一个宦官代笔，这叫做司礼太监。这样一来，宦官的权力又被扩大了。有一年，皇宫里要招一批太监。蔚州有个落第秀才，名叫王振，之前读过几年的书，也参加过几次科举考试，但都没有成功，就在县里当了个教官，后犯了罪，本来要去充军，但他听说皇宫来招太监，竟自愿进宫当了太监。宫里的太监大都不识字，唯独王振略懂一二，有人叫他王先生。后来，明宣宗就让他教太子朱祁镇读书。朱祁镇十分贪玩，王振不但不管，还帮他想各种玩法，朱祁镇很是高兴。

明宣宗死后，只有9岁的小太子朱祁镇继承了皇位。王振也就成了司礼监，帮助皇上批阅奏章。但明英宗朱祁镇一心只想着玩，对国事一点都不关心。王振就趁机把朝廷的所有大权都抓到了手里。只要是和他作对的，好的被撤职，不好的充军。一些皇亲国戚为了讨好王振，都称他"翁父"。

那几年，北方的蒙古族逐渐强大。正统十四年（1449），部落首领也先派了三千名使者来到北京，给大明进贡马匹，要求赏金。王振发现他们人数不够，因此削减了赏金。加上之前要求与明朝结亲，通使的使臣私自许诺，但朝廷因不知情而未结亲成功一事，都让也先十分气愤，率领瓦剌骑兵向大同进攻。大同的守军奋力抵抗，但还是溃败了。

边境的官员马上禀报朝廷，明英宗赶忙召集大臣商量对策。大同离王振家乡蔚州没多远，王振在蔚州还有地，他怕自己的利益受威胁，极力劝说英宗带兵亲征。兵部尚书（兵部尚书和侍郎是军事部门的正副长官）邝埜和侍郎于谦认为准备不足，皇帝不能亲征。皇帝好大喜功，尽管大臣们极力劝阻，但在王振的怂勇下，他还是决定亲征。

明英宗让弟弟郕王朱祁钰和于谦守在北京，自己和王振、邝埜等一百多人，率领五十万大军出征大同。这次出兵，本就没有准备，所以军队纪律涣散。一路上又遇到各种情况，没走几天，就断粮了，大家又饿又冷，仗还没有打，就失去了信心。到了大同附近，遍地都是明朝士兵的尸体，更加人心惶惶。有个大臣觉得胜算不大，劝英宗退兵，被王振好一顿骂，还被罚跪了一天。

仗打了几天，明军前锋在大同被瓦剌军杀了个片甲不留，其他部队也节节败退。看到这情形，王振觉得不妙，这才下令撤军退兵回京。按理说退兵应该越快越好，但是王振为了要去老家蔚州显摆一番，竟然劝英宗住到蔚州去。几十万的军队离开大同，朝蔚州的方向跑了四十里路。王振突然想到，这么多的兵马一起去蔚州，自家的庄稼岂不是损失严重，他又急忙下令原路返回。来回一折腾，浪费了大把的时间，被赶来的瓦剌军追个正着。

明军边抵抗边撤退，一直退到土木堡（今河北怀来东）。土木堡虽然叫做堡，但其实并没什么城堡。明军日夜赶路，所有人都很口渴，但土木堡根本没有水源。离土木堡十五里的地方倒是有河，但早已被瓦剌军占领了。士兵们只好开始挖井，挖了足足两丈深，还是没有水。

第二天天刚亮，瓦剌军就追到土木堡，包围了明军。英宗自知无法突围，只好派人去求和。也先也知道，大明军队人数也不少，真打起来自己也会有要损失，先假装答应了。英宗和王振听说后很高兴，让士兵们去找水喝。所有人都奔向河边，十分混乱，根本没人能够制止。就在这时，早就埋伏好的瓦剌军蜂拥而至，个个拿着长刀，大声喊道："投降的不杀！"明军士兵一听，纷纷丢盔弃甲，四处逃窜。瓦剌军紧追不舍，顿时，被杀的和被乱兵踩死的明军到处都是。连邝埜也在这次混乱中被杀死。而英宗和王振带了一批精兵，好几次想突围都没成功。平时嚣张跋扈的王振，这时竟被吓得双腿发抖。不久，王振便在乱军之中丧命。英宗眼看没有了还击的机会，只好从马上下来，坐在地上等死。瓦剌兵围住他，很轻松地俘虏了他。历史上把这次事件称为"土木之变"。

与瓦剌一战，明朝的五十万大军仅剩一小半，这让大明元气大伤。瓦剌首领也先却越来越骄横，京城也感受到了瓦剌军的威胁。而这时，守卫京城的重任，就落在了英宗的弟弟郕王朱祁钰和于谦的身上。

"八虎"之一张永

> 人物名片

张永（1465—1529），是明朝著名的宦官，老家在今天的河北新城县。成化年间入宫，弘治年间在东宫侍奉武宗，正德初年的时候被升任为御用监太监，在当时是著名的宦官"八虎"中的一个。在消灭大太监刘瑾的过程中起了至关重要的作用。在宁王朱宸濠造反的时候，全能大儒王守仁被诬陷谋反，最后也是在张永的帮助下洗清冤屈。等到明世宗登基后，八虎受到严厉的打击，张永被人弹劾，贬低为奉御，并且前往孝陵去主持香火。嘉靖五年（1526）的时候，大学士杨一清说张永是有功之臣，于是起用他掌管御用监，提督团营。然而不久以后张永就去世了。

> 人物风云

成化十一年（1475），张永被选入宫中，当时负责在乾清宫侍候明宪宗，那时的他年龄只有十岁。后来又被升为内官监右监丞。

弘治九年（1496），张永被调任到东宫侍候当时还是太子的朱厚照。

正德元年（1506），太子朱厚照登基为帝，也就是明武宗。张永和同在东宫伺候武宗的马永成、刘瑾、罗祥、魏彬、高凤、丘聚、谷大用都受到了极大的宠信，他们在宫中的势力逐渐发展壮大，当时人们给他们一个"八虎"的称号。武宗先后赐给张永蟒衣和玉带，并且准许他在宫中骑马、乘轿，每年给他十二石禄米，并命令他监督显武营的兵马。

正德元年（1506）十月，明武宗任命他监督管理十二团营和总神机营。随后又和守卫边疆的将领江彬共同管理四卫勇士。他在宫内掌管乾清宫和御用监诸事，并且兼任监管司设、尚衣、尚膳、内官诸监，礼仪、整容、甜食诸房和豹房、混堂司、浣衣局、南海子的事务，成为兼职最多的内臣。可见张永是深受武宗的器重。

正德三年（1508），由于弘治以来的所有关税都是折现银收入承运库的，所以钱钞缺乏，供给不足。张永就提出了发放天财库和户部布政司的库银，禁止征收关税，并再一次宣布严厉禁止私造钱币，意见最终被采纳。

正德五年（1510），当时的安化王朱寘鐇发动叛乱，明武宗就下令派杨一清率军平叛，任命张永担任杨一清的监军。没用多长时间，朱寘鐇的叛军就被杨一清剿灭了，张永在献俘时趁机向明武宗告发了刘瑾的罪状，明武宗就下旨命令张永带领禁军捉拿罪大恶极的刘瑾，最后刘瑾被杀。张永也因此两立大功，受到极大的奖赏，升官为司礼太监，掌握司礼的监事。

正德七年（1512），丘聚揭发了张永指使库官吴纪暗偷白银七千余两，抬入自己的私宅中，制造一些玩好和珠宝的事，于是张永就被免职闲住。但是正德九年（1514），由于乾清宫发生了火灾，就又起用张永担任御用监掌印的太监，总管宫中一切营建工程，同时监督京都军营的事务。

同一年，蒙古的小王子率军侵犯宣府和大同。武宗就命令都督白玉担任总兵官，张永提督宣府、大同、延绥等处的军务，率领京营的士兵前往镇压。正德十一年（1516），小王子率部分道进攻，张永率兵在老营坡和部分进攻军队相遇，两军展开激战。正德十二年（1517），张永又和彭泽一起西征肃州。

又过了两年，宁王朱宸濠又挑起造反大旗，明武宗率兵亲征，命令张永率领边兵两千人作为前锋。王守仁把宁王朱宸濠俘虏后交给了张永。江彬想要污诬王守仁伙同宁王谋反，被张永搭救才免遭横祸。

明朝晚期的造反大旗时不时就会出现，正德十五年（1520），江彬凭借自己手握边镇重兵的便利，在通州驻扎军队，并且把武宗留在那里多达四十天，并召集文武大臣前往集合；后又私自假传圣旨，将团练营命名为威武团练营，全部由自己领导。一时间谣言四起，群臣百官都担心江彬会谋反。

一直到正德十六年（1521），明武宗因病去世，为了防止发生动乱，任命张永统帅京师九门。担任大学士的杨廷和遵照武宗的遗诏，解散了威武团练营，把各边镇军队都遣还了。又获得太后的同意，作好了缜密的工作安排，借坤宁宫安装兽吻的机会，命令江彬和工部尚书李鐩入宫进行祭祀。祭祀完毕后，江彬说要出宫，但是张永留他们吃饭，于是太后就趁机下旨，立即抓捕了江彬。

等到明世宗登基后，御史萧淮上奏谷大用等狼狈为奸，牵涉到了张永，于是下令让张永去闲住。紧接着萧淮等又弹劾张永在江西时曾经违法乱纪，于是张永就被降为了奉御，发放到孝陵去作司香。但其实张永在江西并没有什么大的违法行为。

到嘉靖六年（1527），杨一清担任首辅，为张永平了反，又十分肯定了他在捕杀罪大恶极的刘瑾过程中的重大功劳，张永也因此得以恢复原职，暂时在家养病。

嘉靖七年（1528），明世宗召见了张永，任命他掌管御用监印，提督神机营和十二团营兵马，在乾清宫做事，一年增加禄米三十六石。第二年的冬天，张永去世了，死在任上。

极尽谄媚的"九千岁"魏忠贤

人物名片

魏忠贤（1568—1627），出生在北直隶肃宁，即今天的河北。提起魏忠贤，那可是历史上有名的人物，只不过他的"名"，都是恶名罢了。这个恶太监出身于市井，爱好赌博，因为亏欠赌债，无奈之下，才自阉入宫。由于他善于钻营，因此结交到了大太监王安，得其佑庇，从而到了皇长孙朱由校的宫中当差。熹宗朱由校即位之后，他与熹宗的乳母客氏相互勾结，开始平步青云，出任司礼监秉笔太监，后又兼掌东厂，拉开了中国历史上最昏暗的宦官专权的序幕。

他专断国政，诛杀忠良，兴大狱，令朝政日益腐败。他自恃皇上宠爱而任意妄为，自称九千岁。而一大批无耻之徒都先后阿附于他，结成"阉党"，其"五虎""十狗""十孩儿""四十孙"到处为他修建生祠。直到崇祯继位后，开始严厉惩治阉党，魏忠贤才畏罪自缢。

> 人物风云

魏忠贤从小家庭贫寒,没有读过书,但是却懂得射箭,左右手都能够挽弓搭箭,并且箭法很不错。后来,他娶了冯氏作妻子,生了一个女儿。他家中十分贫穷,却非常喜欢赌博,由于赌运不佳,常常受到凌辱。

万历十七年(1589)十二月,21岁的魏忠贤为赌债所逼,在走投无路的情况下,自己净身,进宫当了太监。他先在司礼太监孙暹名下,后在甲字库办事,因为这里有些油水而逐渐富裕起来。善于钻营的魏忠贤通过太监魏朝的介绍,辗转投入秉笔太监王安的门下,并很快取得其信任。

万历三十三年(1605),神宗的长子朱常洛与选侍王氏生下皇长孙朱由校,魏忠贤被委派前去侍候王氏,并兼管小皇孙的伙食。那个时候,朱常洛虽然是皇长子,但却不得他父皇的喜爱,皇帝迟迟都不肯将他册立为皇太子。所以,王氏除了被册封为才人外,她和小皇孙的命运并没有引起特别的重视。

魏忠贤进宫十六年后才从底层太监中脱身出来,他对自己的新主子自然感激涕零,而且忠诚有加。虽然那个时候王才人与皇孙不被人看重,但是他自始至终都精心侍候。小皇孙朱由校生性好动,爱看武戏,也爱舞刀弄枪、骑马射猎。他骑马、射箭的时候,魏忠贤总是紧跟在身边,小心谨慎地照料。并且,他还手把手地教会了小皇孙骑马、射箭。小皇孙想要什么玩具,魏忠贤也会千方百计地帮他弄来。

朱由校少年时,因为父亲朱常洛的地位未稳,因此不受父亲、祖父的重视,迟迟都没能出阁就学,而此时他又对木匠活产生了强烈的兴趣。做木匠活的时候,魏忠贤也就成了他最得力的下手,总能将朱由校侍候得高高兴兴的。长年的相处,这一老一小之间形成了一种说不清楚关系,这是一种亦主亦仆、亦亲亦友的关系。魏忠贤也正是凭着这一点博得了王才人的欢心,魏忠贤也得以恢复了本姓,改叫魏进忠。

魏忠贤早在侍奉太监魏朝的时候,就结识了朱由校的乳母客氏。客氏原与魏朝相好,见到魏忠贤后便移情于他,与其"对食"。当时,由于在宫中值班的太监不能在宫内做饭,只能吃自己带来的冷餐,而宫女则可以生火。于是,太监们便拜托与自己熟悉的宫女代为温饭，久而久之，宫女与太监结为相好，称作"对食"，与民间夫妇一样。

泰昌元年（万历四十八年，1620年）七月，神宗朱翊钧因病去世。他在临死之前终于册封朱由校为皇太孙，而魏忠贤在宫中的地位也随之直线上升。八月，朱常洛继位，是为光宗。但朱常洛在位仅仅一个月就病死了。就这样，年仅16岁的朱由校继承王位，是为熹宗，改元"天启"。

熹宗朱由校即位之后，因为自己的生母早逝，又没有嫡母，于是把乳母客氏封为奉圣夫人。这个时候，魏朝见朱由校即位，客氏得宠，为了争宠于熹宗，便开始与魏忠贤争夺客氏。由于二人在宫中喧闹，引起熹宗过问，熹宗最后做主将客氏指配给了魏忠贤。之后，魏忠贤与客氏合谋假传圣旨，将魏朝发往凤阳，随即派人在途中将他杀害。

天启元年（1621）五月，朱由校任命王安为司礼监掌印太监。而魏忠贤在除掉了魏朝之后，他的权力欲望也跟着膨胀起来，他想取而代之。而当时的王安不但是司礼监掌印太监，而且更是顾命太监，他在移宫案中与外朝大臣相互合作，有非常高的威望。

朱由校即位之后，御史方震孺上疏，要求驱逐客氏。王安奏明熹宗，熹宗只好让客氏离开皇宫。但是，谁也没想到，熹宗根本离不开客氏，没过多久就又把她召回宫中。客氏经历这番打击之后，与魏忠贤的勾结更为紧密。他们在外朝官僚中找到魏忠贤的同乡，给事中霍维华，指使他弹劾王安。这个时候，熹宗朱由校依然沉迷于他的木匠活中，"朝夕营造""每营造得意，即膳饮可忘，寒暑罔觉"，而魏忠贤除了一味地投其所好之外，总是乘他做木工做得全神贯注之时，拿出奏章请他批阅，朱由校总是不耐烦地随口说："朕已悉矣！汝辈好为之"。这样，客氏和魏忠贤得以矫旨将王安降为南海子净军，不久，又派人将他杀害。

天启二年（1622），王安死后，熹宗将魏忠贤升为司礼监秉笔太监，并给他赐名"忠贤"。那个时候，东林党人在朝廷内阁中占据了一些重要的位置，而魏忠贤与这派官僚的关系还不算太紧张。

天启三年（1623），魏忠贤受命提督东厂，权势进一步扩大。不久，顾秉谦、魏广微等被选入内阁。而顾秉谦和魏广微不被东林党所容，受到吏部尚书赵南星的极力排斥。而这时的魏忠贤也需要外朝官僚的配合，于是，不为东林派所容的官僚愤然地投靠了魏忠贤，他们很快就形成一个政治派别，也就是阉党。

天启四年（1624）六月，杨涟疏劾魏忠贤，列数他迫害朝臣、迫害太监、迫害妃嫔等二十四条罪状。由此，魏忠贤为首的阉党与东林党的斗争终于公共爆发了。结果，魏忠贤依靠他和客氏摆布熹宗的能力而幸免于难，接着开始大规模地迫害、镇压东林党人士。魏忠贤的同党把反对派官僚百余人列在一个名单上，称为邪党，而将阉党六十余人列为正人，以此作为黜陟的根据。七月，首辅叶向高被迫去官。十月，赵南星、高攀龙致仕，杨涟、左光斗削籍。

天启五年（1625）八月，辽东经略熊廷弼在菜市口被杀害，他的尸首分别送往九个边镇示众。八九月间，杨涟、魏大中、左光斗、顾大章等人相继死于狱中。

天启六年（1626），魏忠贤又杀害了高攀龙、周宗建、黄尊素、李应升等人，东林书院被全部拆毁，讲学也告中止。十一月，在朝中素来都很有声望的袁可立也被魏忠贤排挤出朝，致仕归里。

魏忠贤在用刑狱对付反对派官僚的同时，还命其党羽编纂《三朝要典》，为打击异己制造必要的舆论。随着魏忠贤的地位不断提升，很多官僚都向他靠拢，协助他控制局面，打击异己。魏忠贤与客氏沆瀣一气、狼狈为奸，博得熹宗的极度宠信，被封为"九千岁"，他的主要党徒"五虎""十狗""十孩儿""四十孙"等遍布朝野。这个时期，各地官吏阿谀奉承，纷纷为他设立生祠，连辽东巡抚袁崇焕也迫于形势为其建了生祠。魏忠贤除了本人身兼司礼太监与提督东厂太监职务，晋封上公之外，他的侄子也封宁国公，加太师，他的族人中，仅荫封锦衣卫指挥使的就有十七人。当时，人们都以"九千岁"称呼他，对他的雕像行五拜三稽首之礼，他权势可以说已经发展到了极点。

天启七年（1627）八月，熹宗病死，信王朱由检即位，是为思宗。魏忠贤还想控制朱由检，但是没有得逞。九月，朱由检把客氏赶出了皇宫。十月，弹劾魏忠贤与魏党的奏疏开始出现。十一月,魏忠贤被免去司礼监与东厂的职务,谪守凤阳祖陵。魏忠贤走到半路上就畏罪自杀了。至此,这个祸国殃民的奸臣终于得到了惩罚。

小心谨慎而得以善终的田义

人物名片

田义(1534—1605),号渭川,华阴人,掌印太监。在他只有9岁的时候,他就被净身送到宫中,因为聪明伶俐,被送到司礼监下开设的内书堂去读书,后因知书达礼而被任命为司礼监的掌印太监,并且负责兼掌酒醋面局的大印。田义为人严谨慎重,老练实诚,从不因私犯公,深明大义,因此深受万历帝的青睐。

人物风云

每位皇帝初掌大权的时候,都会迅速建立自己的势力圈,以防不测。万历皇帝也不例外,刚刚登基的时候,他就认真考察了在他身边搞服务工作的人,最终觉得田义这个人忠心耿耿,办事老练谨慎,是一个值得信任和担当大任的人,于是在登基的第二年就对田义委以重任,把他提拔到了文书房担当管事,作为司礼监的助手,相当于今天的机要秘书。明朝的时候,宦官升入司礼监有一个不成文的规矩,那就是必须是由文书房出来的才可以,所以文书房管事其实就是万历给田义做司礼太监的一个铺垫。自从田义进入文书房后,他的才干得到了充分发挥,这为他日后升任司礼监以及掌司礼监印奠定了基础,这也是田义真正发迹的开端。

田义担任文书房的管事后,就专门负责保管百官的奏章和颁布皇帝的旨意。因为他办事牢靠、政绩突出,不久以后又被升为内官监太监,这时他的权力更大了,专门负责掌管国家建造宫殿和陵墓的工作,还有制造后宫所用的铜镜和其他奢侈品，同时还负责监视吏部的选官事项，这些官位都是一些重要职位。

在担任文书房管事时，田义曾经在万历十年（1582）的时候奉旨押送秦府永寿王府辅国中尉的怀埔到凤阳去。怀埔是当时怀顺王的弟弟，他们兄弟总共五个人。怀埔兄弟四人依仗着兄长怀顺王的权势，常以皇室子弟自居，出入市井，为非作歹，鱼肉百姓，后来被秦敬王一本奏章上奏朝廷，神宗就以"逆恶乱常，大违祖训"的罪名惩治四人，其中一人被赐死，怀埔等三个人被贬为平民，被发落到安徽的凤阳高墙中终身禁锢。万历皇帝想到怀埔怎么说都是皇室出身，一向桀骜不驯、作威作福惯了，并且押送的路途遥远，怕有什么闪失。于是，万历皇帝就把押送怀埔的重担交给了他认为办事最得力的太监田义。

田义谨遵圣旨行事，一路上风餐露宿、严谨小心，最后终于平安到达了凤阳，把怀埔转交给了凤阳负责的太监韩寿，把他关到了高墙之内。回去的途中经过自己的家乡华阴县，他就特意回家去给族坟上香，并且对乡亲朋友给予厚待。田义的升官发达和衣锦还乡，令乡里人非常羡慕，纷纷以他为荣。等到田义回京以后，皇上对他圆满完成任务感到非常高兴，第二年又任命田义为南京副守备，实际上已经掌握了监军大权。

万历十一年（1583），万历皇帝下旨任命田义担任南京副守备，同时以南京司礼监太监的身份掌管南京内官的监印。三年以后又被转正为守备兼掌南京司礼的监印，事实上留都南京的军政大权都握在了田义的手上。南京是明朝早年定都的地方，自从明成祖迁都北京以后，就把定南京作为留都，但是一切的官府人员配置都按照北京的设置，宦官各监也是一样，就是没有皇帝的镇守，所以就设了一名守备，以公、侯、伯来进行排名。等到仁宗掌政时就改为派一个宦官去作守备，其实就是皇帝的代表，职务当然非常重要。万历认为南京是国家的根基地，特命田义协助正守备新建伯王承勋和兵部尚书翁大立，一起参与机要政事、训练军马、抚恤百姓、严禁盗贼、振兴百业、保护皇家宗庙山陵等，不可以欺压百姓、乱征赋税、因私害公、玩忽职守，务必使军民全部"安分守法"，一定要勉励百姓，"庶副朝廷委托之重"。职权可以说非常大，不过任务也是非常重大的。

从此之后，田义的官运可说是青云直上，一路亨通。在万历十七年（1589），皇帝特意把田义从南京召回北京担任司礼监随堂办事，"总理中外文书，提督教习兼督礼仪房"。万历十九年（1591），掌握司苑局的大印。到了万历二十年（1592），又兼掌巾帽局的大印。万历二十四年（1596）的时候，田义可说在宦官中已经无比尊贵，不仅掌握司礼监的大印，又负责掌酒醋面局的印鉴，负责礼仪房的全部事宜。

纵观一下田义担任宦官的生涯，可以发现他从始至终几乎都在担任司礼监的职位，无论是宫廷教育的内书堂，还是最后的司礼监掌印的职位，都充分表现这一点。特别是在司礼监掌印的生涯，田义一共担任了10年直到生病去世，这一个职务在明代可说是举足轻重。正是由于司礼监掌管批阅奏章和传达圣命，因此大臣们对司礼监太监也是非常敬重。大臣入阁的时候，按照惯例都要拿着名片，手里捧着礼物，必须先拜见司礼太监，然后才可以正式就职，平时在路上遇见也必须下跪叩头。

随着田义职位的一路升迁，也因为他忠于职守、谨慎认真，所以深受万历帝的赏识，得到的赏赐也是格外丰厚。万历初年田义担任内官监太监的时候，皇帝就赏赐他蟒衣玉带。到万历十四年（1586）又赏赐他岁加禄米。万历十七年（1589）的时候又赏赐他一匹坐骑，允许他在禁地骑马。此后，他还曾经奉旨进行大阅兵和审讯刑犯，在当时这些都是极高的恩典。

万历三十三年（1605），田义因生病卧床不起，万历帝特意派御医前去诊视，不久以后田义就去世了，万历帝非常伤心，特意罢朝三日以示哀悼，在五天里派了三个人去祭奠他，并且赏赐给他大量冥钱，为他设置了三场祭奠法事，又赏赐了"东园秘器"，命令工匠挖掘地宫给予埋葬，特别树立了享堂碑亭进行永久祭祀——这在当时是少有的恩典。至此，田义荣贵善终。

善于耍手段的冯保

人物名片

冯保（生卒年不详），字永亭，号双林，河北衡水人，是明代众多宦官中虽然阴险却还能有所成绩的太监。他在嘉靖年间净身入宫，隆庆元年掌管东厂兼管御马监事务。自万历皇帝登基后，就担任司礼监掌印太监和司礼秉笔太监。在穆宗驾崩时自己篡改遗诏成了顾命大臣。在掌权后就支持张居正推出的"一条鞭法"，使岌岌可危的大明政权一度出现复兴的局面。冯保自身有着比较好的文化修养，他曾经在司礼监监刻了《帝鉴图说》《启蒙集》《四书》等许多书。但是他的下场比田义惨多了，因为明神宗对他的忌恨而被放逐到南京，后来因病去世，家产就被查抄。

人物风云

冯保在嘉靖中期，担任司礼监秉笔太监。到隆庆元年（1567）的时候任提督东厂兼管御马监事务。那时司礼监正好空缺一名掌印的太监，按照资历应该由冯保升任，但他不被穆宗看中，大学士高拱就推荐了御用监的陈洪补上了司礼监掌印太监的职位。一直等到陈洪辞官，高拱接着又举荐了掌管尚膳监的孟冲补上了。其实若按照规定来说，孟冲是没有资格掌管司礼监的，冯保因此事十分痛恨高拱。

隆庆六年（1572），不待见冯保的直属上司穆宗驾崩了，冯保向李太后进言，将司礼监掌印孟冲斥退并借机假传遗诏为"阁臣和司礼监共同为顾命大臣"，于是冯保就和内阁首辅高拱、次辅张居正、高仪同为神宗的顾命大臣。

万历元年（1573），10岁的神宗皇帝朱翊钧即位以后，冯保得到了进一步的重用，他从秉笔太监晋升到了掌印太监，负责协助李太后辅导小皇帝的教育。

神宗常称冯保为"大伴"，对他害怕三分。

在神宗登基为帝的仪式上，冯保从始至终都站立在御座的旁边，满朝文武都十分震惊，并对他的行为心生不满。高拱眼见冯保的权力越来越大，心里无法容忍，于是就暗中授意阁臣们提出"还政于内阁"的口号，组织了一批大臣上书弹劾他。而冯保就抓住高拱曾经在穆宗病故后说过的"十岁太子怎么能治天下"这句话作为把柄，分别向皇后和皇贵妃告状，高拱因此被革职。那些支持高拱的很多大臣也遭查办。

冯保对高拱一直记恨在心，他在等待时机铲除高拱，正好万历元年（1573）的正月十九日，神宗皇帝在清晨出宫上朝，却被一名叫王大臣的男子刺杀。皇帝的侍卫立刻把王大臣擒获，从他的身上搜出了刀剑各一把，随后皇帝亲自下旨，派人将他押送到东厂进行审问。

冯保灵机一动，觉得报仇的机会到了，就借机诬陷高拱，并且暗地里嘱托王大臣，要他假装承认是受高拱的指使。一时间，刺客行刺皇帝的谣言快速传开，朝廷的各科道官员已是人人自危，都不敢贸然上疏替高拱申辩。然而都察院左都御史葛守礼和吏部尚书杨博就挺身而出，坚决主张将王大臣的案子交给都察院、刑部与东厂共同负责。张居正面对压力，不得不上疏给神宗皇帝，神宗就下旨让冯保和左都御史葛守礼、锦衣卫左都督朱希孝共同审理。高拱因此被洗清了冤情，王大臣依律被处以死刑。

王大臣的这一案件使得冯保彻底惹恼了朝中的众多大臣，大家都认为他这种诬陷高拱的险恶行径厌恶至极。然而张居正却因此受益，牢牢地坐稳了首辅的这把交椅。虽然冯保是一个阴险小人，可是在政绩方面也做出了成绩，为明朝最后的复兴也做出了努力。张居正成为首辅以后，也获得了太后和皇帝的支持，和内相冯保极力配合，亲政了许多年，并且推行了利民的"一条鞭法"，极大地增加了国家的财政收入。他们裁减多余的官员，减少财政支出，使明朝出现了复苏的局面。张居正虽然是一个有才之人，但是他能被委任为内阁首辅，施展自己的政治抱负，是离不开冯保在背后的支持。但是，冯保本人贪图钱财，收受贿赂，张居正也曾经随大流送给他许多宝物。后来冯保又花费巨资，给自己建造了一座生圹，张居正也违心地写了《司礼监秉笔太监冯公预作寿藏记》，对他的生平歌颂不已。

神宗也曾经赐了一枚象牙图章给冯保，里面刻着"光明正大""尔惟盐梅""汝作舟楫""鱼水相逢""风云际会"，更过分的是竟然以宰相的待遇来对待冯保。以至于后来，冯保更加骄横，就算是皇帝有所赏罚，只要冯保不开口说话，谁也不敢去执行的局面。

但冯保有时也常常做一些比较识大体的事。比如内阁生产白莲花，翰林院有双白燕，张居正就弄来供皇帝赏玩，冯保就马上派人对张居正说："皇帝年纪还小，不应该用这些奇异的东西来拴住皇帝的心，来使皇帝贪玩。"并且还约束他的子弟，使他们不敢为非作歹。因此京中百姓也觉得冯保这个人还不错。

万历十年（1582），张居正因为积劳成疾，死在任上。临终前上书给皇帝，举荐他的主考官潘晟到内阁参与政事，冯保就派人把他召来。担任御史的雷士桢、王国，和给事中王继光都说他不可任担此重任，于是潘晟就中途上疏请辞。内阁的张四维猜想申时行一定不肯官居潘晟之下，于是就起草意见答应了此事，皇帝也马上应允了。冯保当时正在生病，就辱骂道："我生个小病，就可以无视我的存在吗？"

在皇太子刚出生的时候，冯保就想给自己封授伯爵，张四维就用没有过这种先例来阻止他，想着给他的弟侄做一个都督佥事的官职。冯保却生气说："你是靠谁才到了今天的位置，居然背叛我！"

万历十年（1582）十二月的初八，担任江西道御史的李植上疏弹劾了冯保的十二大罪状。重点主要是徐爵和冯保挟诈犯法。别的罪状有：永宁公主选婚的时候，冯保收受了梁国柱一万两的贿赂，明明知道他的儿子确实有病，却故意庇护。结果在成婚的时候，梁国柱的儿子鼻血沾湿了前袍，结婚后一个多月，竟然一命归西，公主不久后也郁郁病死。

在已经去世的二十四名宦官中，只要是家财殷富的人，冯保都把他们的房屋封锁，然后开始"扫荡"。只挑选其中寻常的物件献给皇上，而把那些奇珍异宝都据为己有。

这个时候太后已经还政给皇帝很久了，因此冯保失去了政治依靠，并且皇帝对冯保积怨已久。东宫的老太监张鲸和张诚趁机向皇帝陈述了冯保的过错和罪恶，请求皇帝让冯保去闲住。神宗却依然害怕他，说："如果大伴走上殿来，我怎么办？"张鲸说："既然已经下了圣旨，他怎么敢再进入宫殿！"于是神宗就顺从了张鲸的话，在圣旨上写道："冯保欺君祸国，罪孽深重，本该判为死罪。但念在多年奔波，没有功劳也有苦劳，所以从轻发落，发放到南京的新房闲住"。随后就展开了查抄冯保家产的大动作，发配他到南京的孝陵去种菜，冯保死后被下葬到南边的留都。而冯保的弟弟冯佑和侄子冯邦宁都是都督，被削职后又遭逮捕下狱，最后死在狱中。

名动九州的奇人

"全能大儒"王阳明

人物名片

王守仁(1472—1529),字伯安,号阳明,又名王阳明,老家在浙江的绍兴府余姚县,后来又把户籍迁到了绍兴府山阴县,世称阳明先生。是明代时期著名的哲学家、思想家、军事家和文学家。王阳明是陆王心学的集大成者,不但精通佛家、儒家、道家,而且能够领兵打仗,是中国五千年历史上非常罕见的全能大儒。被封"先儒",在孔庙东庑的牌位上居于第58位,死后被安葬在绍兴山阴府城南边的兰渚山上,距离书法胜地兰亭很近。

人物风云

王守仁的谥号为文成。王阳明的这个名字是有一个来历的,他小时候曾经跟随父亲迁居到绍兴府城。因此他曾经在余姚阳明洞天盖了一间草屋,自称阳明子,所以就被学者称为阳明先生,后世的人一般也都称他为王阳明,他的学说也被世人称为"阳明学"。

王阳明出生在明朝中期,当时的政治腐败、社会动荡不安、学术颓废,他尝试靠自己的力量力挽狂澜,拯救日渐泯灭的人心,于是发明了"身心之学",

倡导良知的教育，让世间万物都充满仁义之心。王阳明不但是宋明心学的集大成者，而且一生战功赫赫，所以被称为"真三不朽"。他的学术思想在中国、日本、朝鲜半岛乃至东南亚各个国家，甚至对全球都有着重要而深刻的影响。

王阳明出身于一个书香门第的官宦世家，他的远祖是东晋赫赫有名的大书法家王羲之。他的父亲叫王华，成化十七年（1481），参加科举中了状元，后来担任南京吏部尚书。据他们家的《年谱》记载，王阳明出生的前一晚，他的奶奶梦见有人踏云送来一个小孩，梦醒的时候王阳明正好出生，于是他的爷爷就给他起名叫王云，同乡的人也把他出生的地方称为瑞云楼。然而，他5岁的时候却还不会说话。有一天，一位高僧路过他们家，抚摸着他的头说："是个好孩儿，可惜被道破"，意思是说他的名字"云"道破了他出生时的秘密。他的爷爷这才恍然大悟，于是就给他改名为守仁，从此他就开口说话了。当然这个故事带点神话色彩，但可以从这个故事看出他小时候并不是一个才华横溢、声名远播的奇才。

但是后来他的才华就渐渐显现了，他10岁的时候，父亲王华高中状元，王阳明就跟随父亲进京，路过金山寺的时候，他父亲和一群朋友聚会，在酒宴上就有人提议用金山来作诗，当大家还在苦思冥想的时候，10岁的王阳明就已经先一步完成："金山一点大如拳，打破维扬水底天。醉倚妙高台上月，玉箫吹彻洞龙眠。"在座的人无不为之惊叹。后来又让他做了一首关于蔽月山房的诗，王阳明随口就诵出："山近月远觉月小，便道此山大于月。若人有眼大如天，还见山小月更阔。"诗中的意思是说从不同的角度看事物，所看到的东西也是不一样的。

当他11岁在京师读书时，就询问私塾老师说："什么是第一等事？"老师回答说："读书取得科举名第"，但是他却说："第一等事我觉得不是读书登第，而应该是读书学做一名圣贤之人"。虽然他如此说，但是他从小就不让人放心，在少年时代就开始给家人捣乱，所有的记载都说他从小就"豪迈不羁"。比如他13岁丧母后，父亲又添了一个妻室，但是继母待他很不好，他竟然会买通巫婆捉弄他的继母，使得她自此以后都善待他。他的学习并不是十分用功，而且常常领导同伴做一些军事游戏。年轻时他就喜欢到处游玩，还曾经出游边关，去练习骑马和射箭，他还非常喜欢看各种兵法秘籍，有时遇到宾客就常用果核来摆列阵法作为游戏。

王守仁从小就聪明，而且非常好学，他所看的书并不仅仅局限于四书五经，也非常喜欢看其他书籍。他的思想也比较怪癖，不同于一般人，以至于很多私塾先生都很难理解他。

他常常以诸葛亮来自喻，决心要成就一番大事业。从此以后他就刻苦学习，学业大有长进。骑马、射箭、兵法，日渐精通，成为名副其实的全能大儒。弘治十二年（1499）的时候，他考中进士，被授予兵部主事。当时，朝廷上下都知道他是一个博学多才的人，但是有才之人也必会引来妒忌，担任提督军务的太监张忠就因王守仁参加文举考试却担任兵部主事，而看不起王守仁。有一次竟然强制命令王守仁当众射箭，本来想以此来让王守仁出丑。王守仁一再地推辞，张忠坚决不允许。王守仁不得不提起弓箭，然后拉弯弓，结果三箭射出，全射中红心，全军上下欢呼不已，使张忠感到十分尴尬。王守仁一共担任了3年的兵部主事，因为反对大宦官刘瑾，在正德元年（1506），他被打了四十廷杖，然后被贬到贵州龙场做驿丞。在前往龙场的途中，他历经波折，最后终于成功逃脱了锦衣卫的追杀，安全到达龙场。等到王守仁谪戍期满后，朝选任其为庐陵县的知事，后来又升任南京太仆寺少卿。当时，王琼担任兵部尚书，认为王守仁有治世之才，就向朝廷举荐了他。正德十一年（1516）的时候，他又被擢右佥都御史，然后又担任了南赣巡抚。他上马可以治军定国安邦，下马可以稳定政治，作为文官却掌握兵符，集文韬武略于一身，做事聪明机智，用兵如神。因为镇压农民起义和成功平定"宸濠之乱"而被晋升为南京兵部尚书，封为"新建伯"。后来因为功高而遭受妒忌，王守仁就辞官归乡讲学，在绍兴和余姚一带创建书院，进行"王学"的宣传。

嘉靖六年（1527），王守仁又被委派担任总督两广军师，后来因为肺病加重，就上疏请辞，1529年1月9日，王守仁因为肺炎而死在江西南安的舟上。

《本草纲目》的作者李时珍

▶ 人物名片

李时珍（1518—1593），字东璧，号濒湖，湖北蕲州人。伟大的医学家、药物学家，曾参考历代有关医药和学术书籍将近八百种，并结合自身经验与调查研究，历时二十七年编成《本草纲目》一书，该书是我国古代药物学的总结性巨著，也是李时珍的成名作。直到今天，这本书在国内外均有很高的评价，已经有多种文字的译本。

▶ 人物风云

正德十三年（1518），李时珍出生在一个行医世家。李时珍的父亲名叫李言闻，是当地有名的大夫，李言闻医德高尚，一直以来都是悬壶济世，造福百姓，百姓对他也是敬仰万分，奉为在世华佗。幼年的李时珍因为受到父亲的熏陶，对于草木虫鱼就颇有兴趣，时常研究，乐此不疲。父亲看在眼里，苦在心里。在李言闻看来，李时珍不应该只做一个赤脚医生，他应该参加科举考试，走仕途之路，将李家发扬光大，光耀门楣。而李时珍却不这样想，他从小就下定决心，将来要和父亲一样做个医术高明、救死扶伤的好大夫。

但是为了实现父亲的愿望，孝顺懂事的李时珍依照父亲的嘱托，用功读书，仅仅14岁就考中了秀才，李言闻高兴极了，认为自己的心愿终于可以达成了。但是天不遂人愿，李时珍在以后连续三次的举人考试中，都名落孙山。李言闻失望了，眼见父亲日夜睡不安稳，日渐消瘦，李时珍伤心极了。但是李时珍并没有忘记自己最初的梦想，于是极力恳求父亲可以让他学医。为此，他还特意写诗明志："身如逆流船，心比铁石坚。望父全儿志，至死不怕难。"这就足见他行医的毅力与决心。父亲看到他这样坚决，就答应了他的要求。

从此，李时珍刻苦钻研医学，遇到不懂的问题就和父亲进行探讨，医术日渐长进。30岁的时候，李时珍就成了当地颇有名望的医生。当时，炼丹服丹成为一种恶俗，对国家及个人都产生了恶劣的影响。李时珍不顾及个人的安危，与方士的错误言行作斗争。

在医疗的实践过程中，李时珍对历代的医药书籍都进行了深入的阅读和研究，比如《神农本草经》《本草经集注》《唐本草》《开宝本草》等等。对这些巨著，李时珍都曾细细研读，吸取它们的精华所在。与此同时，他也发现了许多旧"本草"与事实并不是特别相符的缺陷，而且分类很是混乱。行医多年的他深深知道，如果病人误食药物，后果是非常严重的。于是他便下定决心要把那些旧的药书进行整理补充，然后再写出一部更加详细明确的药物学著作。为此，只要是和"本草"有关的医书，李时珍都要拿来细细研究。日复一日，年复一年，李时珍阅读药书达到800多种，只是摘录的笔记，就装了好几箱子。

嘉靖三十一年（1552），李时珍着手编写《本草纲目》，并给《本草纲目》确定名目和体例。随着编写的逐渐深入，困难也就多了起来。其中有许多药物的形状及其生长情况在前人书籍里的记载都是模糊不清的。他越来越察觉到，仅仅靠书本知识是远远不够的，唯有亲自深入民间去采制标本，进行考察和研究才能从根本上了解药物的特点。于是，他走向山间地头，虚心向老农、渔民、猎人、药农请教，而且对每一种植物、动物和矿物都亲力亲为，为了确定药物的药性、药力，还亲自进行尝试。几年的时间里，他了解到了许多宝贵的药理知识，这为《本草纲目》的编写打下了坚实的基础。

嘉靖三十五年（1556），朝廷需要招任新一批太医，礼部则命令各地选举医术高明的大夫集聚北京，毫无悬念，李时珍被推荐到了太医院。对于李时珍来说，太医院藏书丰富，在太医院里饱览皇家药物典籍这种美差再好不过了。不仅如此，李时珍还见到了许多稀有的药物标本，受益良多。

为了受益后人，李时珍几次向朝廷要求，希望朝廷支持他编修《本草》一书，李时珍的这一举动，遭到了很多太医的讥讽，他们在背后说他"擅动古人经典，狂妄至极"。太医院里的气氛让李时珍喘不过气来，还不到一年，李时珍就愤然辞去太医职务，回到了湖北老家。从此以后，他把全部精力都放在了

《本草纲目》的编写工作当中，甚至到了废寝忘食的地步。与此同时，李时珍还和从前一样，搜罗百药，寻访四方。

嘉靖四十四年（1565）以后，李时珍的足迹遍布大江南北。其中有好几次，为了彻底弄清药物的药性及功效，李时珍亲自品尝，差点中毒身亡。经过了27年的辛苦耕耘，3次易稿，万历六年（1578），医学名著《本草纲目》终于编写完成了。《本草纲目》规模宏大，内容丰富，范围广博，是中国古代任何一部"本草"书所不能及的。

万历二十一年（1593），李时珍去世，葬在蕲州雨湖南岸的蟹子地。在他去世的3年后，《本草纲目》在金陵刊行，即刻受到百姓的广泛欢迎，甚至被医家视为经典。后来，随着中外文化的不断交流和发展，《本草纲目》逐渐被英、俄、日、法、德等多国翻译，流传到了世界各国。

李时珍为医学贡献了自己的一生，这种精神是值得后人称赞的。特别是他所著的《本草纲目》一书，沿用至今，被西方人称作"东方医学巨典"。

名师大家徐光启

人物名片

徐光启（1562—1633），字子先，号玄扈，出生于南直隶松江府（今上海），是明朝末年一位伟大的数学家、科学家、农学家、政治家和军事家，曾任礼部尚书、文渊阁大学士，谥文定。徐光启是上海地区最早的天主教徒，被称为"圣教三柱石"之首。

人物风云

徐光启出生在一个商人的家庭，他出生的时候，家境开始衰落。徐光启自幼便乖巧懂事，聪敏好学，而且胸怀大志。7岁的时候，父亲就将徐光启送到龙华寺读书。读书时，他总喜欢一个人登上塔顶，观鹊或远眺，然后一个人默默沉思。徐光启懂事极了，在抓紧时间读书的同时，还不忘记帮助父亲做一些力所能及的农活儿。

十几年的辛苦努力没有白费，万历九年（1581），20岁的徐光启不负父母所望考中秀才。同一年，又与吴氏成婚，婚后家庭和睦，其乐融融。为了维持生计，补贴家用，徐光启任先生教孩子们读书，一教就是十几年。万历二十二年（1594），徐光启受邀请到广东教书，不久，又到广西浔州任教。平日里就喜欢研究水利的徐光启，对水利方面有着自己独特的看法。而这几年游历于两广之间，同样使徐光启了解到大量有关于农业、水利和民俗方面的知识，让他受益匪浅。更重要的是，徐光启知道了世界上还存在欧洲这样一个科技发达的地方，使他接触到了闻所未闻的西方文化。万历二十八年（1600），徐光启在南京结识了意大利的著名传教士——利玛窦。徐光启得知了利玛窦从31岁的时候就到中国进行传教，还了解到了广博的西方科技知识，这激发了徐光启要翻译西方科技书籍的决心，而学习西方科技知识也成为徐光启毕生的愿望。徐光启与利玛窦的交流成了中国文化史上一次伟大的交流，对中西文化的发展影响深远。

万历三十二年（1604），徐光启进士及第，到此终于圆了他的仕途之梦。也是在这段时间里，他有机会可以广泛地接触社会，学习新知，磨砺思想。慢慢地，徐光启在科学探究方面早已超越了同时代的人。崇祯五年（1632），皇帝任命他为礼部尚书兼东阁大学士，崇祯六年（1633）又兼任文渊阁大学士。

万历三十四年（1606），徐光启与利玛窦再次合作，翻译了欧几里得的《几何原本》，《几何原本》的诞生在一定程度上对中国传统数学体系产生了冲击和影响，为数学的证明方法开创了一个新的里程碑，这本书被梁启超誉为"字字精金美玉，为千古不朽之作"。《几何原本》作为我国第一部系统地引进外国几何学的科学著作，充实了数学研究的内容。除此之外，他还撰写了《测量异同》《勾股义》等著作，为我国近代数学科学方法的研究打下了坚实的基础。

因为徐光启重孝，父亲死后，徐光启坚决要为父亲守孝。在守孝期间，他结合自己的实际经验，全面总结了当时农业生产与农学研究的得与失，撰写了《甘薯疏》《农遗杂疏》等著作。在徐光启看来，农业是"生民率育之源，国家富强之本"。为了使自己的理论与实践结合起来，徐光启开始了农学巨著《农政全书》的编写。为了使南粮北调的方案得到落实，节省长途运输费用，徐光启在天津的时候，曾主张兴修水利，同时大力推广小麦以及水稻的种植，最终实现了南粮北调。

崇祯即位后，徐光启再次得到重用，升礼部尚书。在长期的农业试验及研究的基础上，徐光启总结了许多关于农学方面的经验，提出了自己的见解。崇祯元年（1628），他终于完成了《农政全书》的编著工作。该书第一次完整系统地写下了有关蝗虫的习性和生活过程，并且对症下药，他还提出了一些有效的治蝗方案，一直沿袭至今。

崇祯二年（1629），徐光启推测出将会有日食，而且提出了日食发生的准确时间，崇祯听了十分高兴，命徐光启负责历法修改工作。徐光启也曾多次组织人们对天文进行观测，获得了大量的第一手资料，这些资料保证了新历法的科学、准确。同时，他根据观测的结果，绘制了当时最完备、最精确的星表及星图，是中国最早包括南极天区的全天星图。接下来，徐光启又翻译了许多西方天文学著作，比如《测天约说》《测量全义》等著作。此外，他还编写了《平浑图说》《日晷图说》《简平仪说》等巨著。

崇祯五年（1633），徐光启劳碌成疾，一病不起，不久便辞世了。他当时正在编著的《崇祯历书》也因此被搁浅，直到崇祯七年（1635），《崇祯历书》才被修订完毕。《崇祯历书》对我国古代历法的成果进行了总结，同时吸收了大量的西方天文学的先进科学知识，使我国的天文学走上了与世界天文学并轨的道路。

徐光启，作为我国最伟大的科学家，他用一生精力撰写了一系列巨著，推进了中国科学的发展，编译欧洲的自然科学，同时引进了西方国家先进的数学、历法、水利等科学技术，可谓是近代西学的先驱，架起了中西文化交流的桥梁，值得后人敬仰。

梦想的旅行家徐霞客

人物名片

徐霞客（1587—1641），名弘祖，字振之，号霞客，明南直隶江阴（今属江苏）人。伟大的地理学家、旅行家和探险家。万历三十六年（1608），二十二岁的徐霞客正式出游，足迹所到，北至燕、晋，南及云、贵、两广，旅途中备尝艰险。其观察所得，按日记载。去世后由季梦良等整理成富有地理学价值和文学价值的《徐霞客游记》。

人物风云

徐霞客生在一个官僚地主家庭，自幼生活比较安逸。父亲徐有勉虽身在官场，但是淡泊名利，将功名利禄视如粪土，寄情山水之中，用毕生精力游览祖国大好山河。从小受父亲的熏陶，徐霞客的心灵受到很大的触动。徐霞客从小就非常聪明，勤学好问，博览群书，对历史、地理方面的书籍更是情有独钟。上学期间，他经常背着老师偷偷把历史书或者地理书放在经书下面偷看，看得入神时还会皱着眉头表示心中的不满，因为他渐渐地发现那些古人的书虽对疆域沿革、建制风俗等记载的颇为详细，但是对山川河流等却少有描写和记录。因此，徐霞客便暗暗下定决心要弥补书籍上的缺憾。由于徐有勉厌恶官场的黑暗及官僚们的丑恶嘴脸，很少参与政事，就有了更多时间做自己想做的事了，有时候也会带着徐霞客去各地游玩，这也使得年纪轻轻的徐霞客虽然满腹经纶，学识渊博，却无意科举，反而在父亲的影响下，对旅游产生了深厚的兴趣。

由于徐霞客对做官不感兴趣，再加上明朝末年政治黑暗，贪官横行，朝廷被弄得乌烟瘴气，这使他更加坚定了自己的信念。万历三十六年（1608），年仅22岁的徐霞客决意外出游历，游览祖国大好河山。当时的徐霞客脑袋里只有一个念头，就是"穷九州内外，探奇测幽"。因为母亲身体不好，徐霞客一直犹豫不决，迟迟没有远出。知子莫若母，徐霞客的母亲很支持徐霞客的工作，并鼓励他要努力实现自己的梦想，这也是作为母亲最大的心愿。听了母亲的一番话之后，徐霞客眼含泪水，身背行装，告别母亲，独自一人踏上了游学的行程。

经过三十多年的游历生活，徐霞客接连外出考察总计16次。他的足迹遍布大江南北，从现今的江苏、浙江、山东、河北、河南、山西、安徽、陕西、江西到湖北、湖南、广东、广西、福建、贵州、云南等，一共游历21个省区市，泰山、天台山、黄山、大渡河、金沙江、澜沧江等名山大川更是举不胜举，可谓是"饱尝河山美，收尽天下奇"。在此过程中，他还将途中的所见所闻一一记录在册。然而徐霞客不仅是游山玩水，更经历了无数的艰险、病痛、断粮、遇盗，甚至有几次差点丢了性命，即使如此，他始终没有动摇自己的理想。

徐霞客游历三十多年，每到一处，他都会坚持把当日的经历和观察到的人文现象记录下来。不管白天走了多少路，多么劳累，只要眼睛还能睁开，手还能写，他都会一丝不苟地将考察的情况记录下来。然后，把这些资料进行整理，去粗存精，进而分析、推断出大自然的发展规律，为近代地理科学开辟出了一条认识自然的全新道路。

由于长时间的奔波劳苦、风餐露宿和艰辛跋涉，51岁的时候，徐霞客在他的最后一次游历中，一病不起。但即使是在他患病期间，他依然没有忘记把从野外采回来的标本摆放在病床前进行研究，利用自己最后的一点时间，精心整理自己的记录，一直到病逝。

《徐霞客游记》以日记的形式详细地记载了徐霞客三十多年旅行生涯中的见闻，全书约60万字，是我国最早的一部优秀地理著作，也是我国第一部野外考察记录的著作，文学与科学价值并存，对现代科学的研究有很大的贡献。此外，该书也是世界上最早的记载岩溶地貌的宝贵资料，被誉为"千古奇书"。

《天工开物》的编著者宋应星

▶ 人物名片

宋应星（1587—?），字长庚，江西奉新人，明朝末期的科学家。万历四十三年（1615）因为乡举而出仕。崇祯八年（1635）担任江西分宜教谕，崇祯十一年（1638）担任福建汀州的推官，崇祯十六年（1643）担任安徽亳州的知州。明朝灭亡后辞官回归故里，老死在家乡。明朝时期的商品经济已经高度发展，生产技术也达到一个新的水平，他一生最大的成就便是在江西分宜教谕的任内写了著名的《天工开物》一书。宋应星的其他著作还有《谈天》《野议》《论气》等。

▶ 人物风云

宋应星在万历四十三年的时候考中了举人，但是之后五次的进京会试全都失败了。虽然考试失败了，但是他并没有垂头丧气，五次的进京跋涉，也使他的见闻得到增长，他曾经说过："只要走到外面去，没有什么是你不可以知道的事。"于是他遍访田间作坊，查到了许多关于生产的知识。他非常鄙视那些只知道享乐而不知珍惜的"纨绔子弟"。在担任江西分宜县教谕的时候，他写成了著名的科学巨著《天工开物》。崇祯十年（1637），《天工开物》开始在市场上刊行。宋应星一生讲求实学实干，反对士大夫们普遍轻视生产的态度。他对辛苦的劳动人民怀有非常深的同情之心，对于官府压榨人民的行为深感不满。

崇祯十一年（1638），宋应星在分宜的任期圆满完成，考核位列优等，后来升任福建汀州府推官，位居正八品，是省观察使下的属官，负责掌管一府刑狱，俗称为刑厅，也被称为司理。但是在他任期未满时，便辞官归乡了。后又在崇祯十六年（1643）出任南直隶凤阳府亳州的知州，位居正五品，宋应星可以说是节节高升，然而此时已是明朝灭亡前夕。宋应星到任后，州内因为战乱而遭到破坏，连简单的升堂的地方都没有，官员大部分都走了。经过他的多番努力，又使办公场所有所恢复，后来又捐资在城内建了一所书院。崇祯十七年（1644）初，宋应星又辞官回到了家乡。当年的三月份，李自成率领大军攻占了京师，明朝宣告灭亡。四月份，清兵入关，定都北京，宋应星成了亡国之民。

同年五月份，福王在南京建立了南明政权。南明建立后，宋应星又被举荐为滁和兵巡道和南瑞兵巡道，但宋应星并没有接受。明亡以前，宋应星就已经升任为广州知府，明亡后就再没有出仕为官的意愿。

南明刚建立初期，宋应星弟兄本想寄希望于南明，但是南明政权腐败，阉党奸臣阮大铖、马士英把持朝政，排斥忠良，政权很快便灭亡了。后来清兵南下攻占了江西。清朝建立以后，宋应星就一直过着与世隔绝的隐居生活，在贫困潦倒中度过了晚年，拒不出仕为官。宋应星有两个儿子，大儿子叫士慧，字静生，小儿子叫士意，字诚生，二人都非常有文才，世人称为"双玉"。宋应星在生前教导自己的子孙，一不要参加科举，二不要入仕为官，子孙全都遵从了宋应星的遗训，在家乡安心读书耕地。一直到清朝嘉庆年间，他的子孙后代都是安居乐业的农民。

宋应星的科学巨著《天工开物》的名字也有由来，来自《尚书》中"天工人其代之"及《周易》的"开物成务"，选用天工开物这四个字，是为了借用"巧夺天工"和"开物成务"两个古成语所表达的意思。前一个成语说的意思是，人们可以凭借自己的聪明智慧和精湛的技艺，生产出超越天然形成的精美物件；后一个成语的意思是，如果人类能够掌握事物的发展规律，就能办成以前很难完成的事情。那么，选用这两个成语合并，就是为了汲取二者的精神，那就是：只要提高和丰富自己的专业知识技能，遵循自然事物生长发展的规律，辛勤地劳动，就可以生产出生活所必需的各种物品，它们的精美程度甚至胜过天然。

《天工开物》详细描述了各种各样的农作物和手工业原料的产地、种类、工艺装备和生产技术，以及很多关于生产组织的经验，既存在大量确切的数据记载，又在书中绘制了一百二十三幅插图，让人一目了然。全书分为上、中、下三卷，后又细分了十八篇。上卷主要记载了谷物和豆麻的种植和加工的方法，蚕丝和棉苎的纺织以及染色技术，还有制盐、制糖的工艺。中卷主要内容是砖瓦、陶瓷的制作工艺，车船的制造，金属的冶炼，硫黄、石灰、煤炭、白矾的开采和烧制，以及榨油和造纸方法等。下卷主要记述了金属矿物的开采和冶炼过程，兵器的制造，颜料和酒曲的生产，以及珠玉的采集加工等。

《天工开物》中包含了我国古代的大量物理知识，如在灌钢、船舵、提水工具（筒车、水滩、风车）、失蜡铸造、泥型铸釜、盐井中的吸卤器（唧筒）、排除煤矿瓦斯方法、熔融、提取法等中都有许多关于力学、热学等的物理知识。此外，在著作《论气》中，宋应星深刻阐述了发声的原因及波；在著作《谈天》中，他指出太阳也是在不断变化的。在当时各种条件不发达的时代，宋应星能提出这么多的理论真是十分难得，这也为后世的科学研究奠定了坚实的基础。

"世界航天第一人"万户

人物名片

万户（生卒年不详），浙江婺州人，本名陶成道，因在战事中屡建奇功，被朱元璋封赏"万户"，从此被人称为"万户"。是第一个想到利用火箭飞天的人。曾设想利用火箭的推力，加上风筝的力量起飞，不幸火箭在高空爆炸，万户也为此献出了生命。后人因此称万户为"世界航天第一人。"

人物风云

万户自小机敏可爱，热爱读书，非常人能及。他虽然熟读诗书，学识渊博，但是对官场上的事情却提不起兴趣，所以没有参加科举考试。虽说万户无心官场，但是对科学却是异常的喜爱。最令他感兴趣的还是古人发明的火药和火箭。万户经常幻想着有一天可以实现自己的梦想，就是凭借火箭火药的巨大推力，将人送上蓝天，可以亲眼观察高空的万千景象。

万户虽然志向远大，喜欢钻研技巧，但是由于当时的条件有限，还不能够实现自己多年的愿望。为了效忠国家，他选择了从军。从军之后，万户利用自己的所长，改进了很多刀枪车船。在同瓦剌的多次战事中屡建奇功，万户的才干受到班背的赏识，经过多次交谈，两人志趣相投，相见恨晚。班背生性耿直，不喜欢阿谀奉承，趋炎附势，因而得罪了右中郎李广太等人，被革职查办，并被幽禁在拒马河上游的深山鬼谷中，万户也因此受到牵连。

朱元璋死后，朱棣即位。朱元璋生前一直对朱棣心生忌惮，不喜欢这个老四。为了实现自己的皇帝梦，朱棣一方面网罗党羽，扩充兵力；另一方面搜罗各种技艺，献给朱元璋，希望可以博得朱元璋的欢心。李广太投燕王所好，知晓万户曾经与班背一起造飞鸟，便对万户威逼利诱，软硬兼施，想要利用他为朱元璋制造飞龙。万户表面上答应了，实际上是想趁机营救班背，凭借二人之力共同完成飞天的夙愿。

万户偷偷地去鬼谷同班背会合，但还是晚了一步，李广太暗中给瓦剌军报信，班背被瓦剌军刺死了。万户心灰意冷，仰天长啸，难道飞天就再也不能实现了吗？但是天无绝人之路，好在班背见势不妙，命令自己的手下带着他的《火箭书》拼死冲了出去，把它交到了万户的手中。也就是从那时起，万户便下定决心，一定要造出飞鸟，实现班背的遗愿。从此以后，他废寝忘食，苦心钻研，仔细阅读了班背的《火箭书》，制造出来各种各样的火箭，然后画出飞鸟的图形，众匠人按图制造飞鸟。

一天，万户手拿两个大风筝，坐在一辆蛇形飞车上，这辆车上捆绑着四十七支火箭。一切准备就绪之后，他就命令他的随从用火把点燃了第一排的火箭。

随从手里拿着火把，走到万户面前，心生怯意，双手颤抖，心情沉痛地说道："我心里好怕呀，主人。"

万户问道："你怕什么？"

随从说："如果飞天不能成功，主人的性命恐怕就不保了。"

万户仰天大笑，说道："飞天乃是我中华千年之夙愿。纵然今天我粉身碎骨，血溅天疆，也不会后悔今天的尝试，我要为后人闯出一条探天的道路来。你们不要害怕，赶快点火吧！"

随从们知道任何人都不可能改变主人今日的决定，只好服从命令，高举熊熊燃烧的火把，缓缓地点燃了第一排火箭。

这时，只听见"轰！"的一声巨响，飞车的周围已经是浓烟滚滚，烈焰翻腾。顷刻之间，飞车离开了地面，徐徐升向半空。

地面的人见到这种情形，不禁拍手叫好，欢呼雀跃，但出人意料的是，第二排火箭自行点燃了，人们被吓呆了。突然，横空一声爆响，空中的蛇形飞车变成了一个大火球。万户从熊熊燃烧的飞车上面跌落下来，手里依然紧紧握着两支已经烧得面目全非的巨大风筝，他狠狠地摔在了地上，不幸去世。

万户可以想到利用风筝上升的力量飞向天空，在当时，很少有人会想到这一点。为了纪念万户，国际天文学联合会将月球上的一座环形山命名为"万户山"。

万户是一位伟大的英雄，他的这次飞天，不仅是中国，也是世界上第一次利用火箭飞向太空的尝试。虽然他的努力失败了，但利用火箭推力升空的创想却堪称世界第一，因此万户被世界公认为"真正的航天始祖"。

《永乐大典》的总编之一解缙

▶ 人物名片

解缙（1369—1415），字大绅，号春雨、喜易，谥号"文毅"，江西吉安吉水县人，明代著名的学者。洪武二十一年（1388），考中进士，担任过御史、翰林待诏。成祖即位之后，他被擢升为侍读，直文渊阁，参与机务与编著《永乐大典》，后来，又担任翰林学士兼右春坊大学士。其作品有《解学士集》《天潢玉牒》。解缙因为才华出众、刚硬耿直被人嫉恨、陷害，屡遭贬黜。最后，以"无人臣礼"的罪名被捕下狱，后被杀害。

▶ 人物风云

建文元年（1399），建文帝朱允炆在执掌政权之后，便开始推行削藩政策。燕王朱棣不甘心就此失去权势而起兵反叛，发动了"靖难之役"。这场战争历时三年，包括大小百余战。建文四年（1402），建文帝的军队被打败，燕王朱棣率领部队进入京师。解缙原本在建文帝手下做事，但是却一直不得重用，后来，他转而投向了永乐帝朱棣的怀抱。他坚信自己是一个有用之才，而朱棣可以给他提供施展才干的平台。

在朱棣即将进入京城的前一天晚上，解缙与他的同乡胡广、王艮三人聚集在吴溥的家中，商议应对之策。

当晚商议之后，解缙连夜赶到燕军的大营。那个时候，朱棣正在担心建文帝遗臣们不肯归顺自己，当听到解缙，这个名满天下的大才子前来投奔自己时，朱棣非常高兴。第二天，在解缙的劝说下，胡广也归顺了朱棣。

在封建社会中，解缙的归降是一件非常可耻的事情，但是，解缙却不管这些，他在建文帝那里受够了冷落之苦，只希望能够得到这个新主的赏识，好让他施展自己的才华。

很快，解缙如愿以偿地得到了朱棣的赏识。朱棣让他负责起草《登极诏》的事情。《登极诏》原本是让另一位著名的才子方孝孺草拟的，但是，方孝孺忠于建文帝，宁死不愿意草拟。解缙接到这份任务之后，觉得这是他表现才华的机会，于是，非常用心地写出了《登极诏》。

对于这篇《登极诏》，朱棣非常满意。诏书中狠狠地指责了建文帝"崇信奸回，改更成宪，戕害诸王"。同时，又讲到朱棣援"祖训"，起兵"靖难"，屡战屡胜，以及想要效仿周公辅佐成王的故事，只因为建文帝自焚而死，又迫于众人议论，再三拒绝，现在才勉强地登上王位。随后，又列出了大赦释免、安民给赏等一系列条款。朱棣称帝之后，改元"永乐"，是为永乐帝。

解缙主动迎附与草拟诏书二事都赢得了永乐帝的欢心，得到了皇帝的宠信，他也开始了他光辉灿烂的仕途。

解缙归降永乐帝的第二个月，便从九品一下升为了正六品，其官职由翰林待诏升任为翰林院侍读。

后来，解缙被升为文渊阁大学士，参与机务。有一次，永乐帝对别人这样说道："天下不可一日无我，我则不可一日少解缙。"由此可见，永乐帝对解缙的重视程度。

没过多久，永乐帝又赐给解缙一袭金织罗衣，从此，解缙正式成为永乐帝最重要的内阁大臣之一。

同年中秋的时候，永乐帝将解缙等人召来，让他们查阅一遍建文帝在位的时候，群臣所上的奏章，将涉及靖难、削藩之事的全部焚毁，避免群臣疑虑。

晚上，永乐帝在宫中大摆筵席，与近臣们一起赏月。没想到，浓云掩月，这让大家有些扫兴。解缙当即作词一首：姮娥面，今夜圆，下云帘，不著臣见。拼今宵倚阑不去眠，看谁过广寒宫殿。

这首词并没有什么新奇，但是，永乐帝却对那股不甘罢休的劲头很是赞赏。于是，永乐帝又让他作长歌助兴。夜半，浓云逐渐消散，明月高挂空中，永乐帝高兴地说道："才子！真是大才子啊！"这个时候，他们君臣之间的关系已经处得十分融洽了。

永乐元年（1403）七月，永乐帝怀着勃勃的雄心，想要将中国古代典籍尽量收集齐全，于是，他下诏编纂一部类书，并将此类书命名为《永乐大典》。永乐帝将这项任务交给了解缙，任命他为《永乐大典》的总编。对于文人而言，这是非常光荣的事。隔着朝代编修史书，盛世出书，这薪火相传的重任，在中国历代知识分子眼中，属于极其神圣的职责，因此，这次大任很好地奠定了解缙学界泰斗、文坛巨子的地位。

永乐二年（1404）十一月，解缙把编纂好的图书进呈永乐帝。但是，永乐帝却发现这与他的要求有很大的差别，主要是还有许多典籍没有收录进来。于是永乐帝决定重新编修，并且，让靖难功臣，比如姚广孝、刑部侍郎刘季篪等也参与其中，前后参与编修者将近3000多人。永乐帝非常重视这件事情，命令大家在文渊阁开馆修书，早晚的膳食由光禄寺供给。永乐帝看到文渊阁中的书籍尚且不是很完备，就命令礼部选派通晓典籍的官吏四出购求典籍。

在永乐帝的关心与支持下，《永乐大典》历经五年的编撰，终于在永乐五年（1407）十一月完成。《永乐大典》共有22877卷，又凡例、目录60卷，全书分装为11095册，内容包括经、史、子、集、百家、天文、地志、阴阳、医、卜、僧、道、戏剧、小说、技艺等方面的内容。该书所引用书籍达七八千种，字数大约有三亿七千多万，其规模之大，在历史上无与伦比。它比法国狄德罗主编的《百科全书》要早300余年，字数约是《百科全书》的12倍。在编撰的时候，他们旁征博引，在很短的时间内，就汇集了从先秦到明初的著作，经史子集等没有一个不分门别类。最可贵的就是，《永乐大典》在编辑各类材料的时候，都按照原书整部、整篇、整段地收录，没有修改一个字，这使得许多古籍得到了很好的保存。

《永乐大典》属于我国历史上一部大型且非常珍贵的历史文献，是我国历史文化中的辉煌灿烂的一笔，是汇聚中国古代文化成果的宝库。《永乐大典》能够问世，离不开解缙等人的辛勤劳动。

解缙在担任《永乐大典》总编一职的同时，又受命重修《太祖实录》。解缙被任命为《太祖实录》总编，主持实际工作。这一次，解缙表现得非常慎重，在书成之后，将所有的草稿都焚毁了，以免日后引来麻烦。解缙的行为与当时的政治形势有着很大的关系，在追杀建文遗臣的恐怖气氛中，史官必须审慎行事，一不小心，就会给自己招来杀身之祸。解缙虽然很有个性，但经过了多年政治生涯的磨炼，他也慢慢地懂得该如何保护自己了。

然而，现实是残酷的。永乐五年（1407），解缙以"廷试读卷不公"的罪名，被贬为广西布政司右参议。永乐六年（1408），被李至刚诬陷，再贬交趾布政司右参议。永乐八年（1410），解缙因事入京，正值朱棣北征，故而拜见皇太子后返回。汉王朱高煦便说解缙等皇上出行，私下拜见太子，径直返回，没有人臣之礼。朱棣得知后大怒。永乐十三年（1415），解缙被抓入诏狱，后被锦衣卫纪纲灌醉，埋在雪中，被害而死。终年四十七岁。

江南第一才子唐伯虎

人物名片

唐伯虎（1470—1524），原名唐寅，字伯虎，号六如居士、桃花庵主、逃禅仙吏等，江苏苏州吴县人。明朝著名画家、文学家，吴中四才子之一。由于他在绘画方面造诣颇深，因此，他与沈周、文徵明、仇英被人合称为画史上的"明四家"或者"吴门四家"。在民间，关于这位江南第一才子的传说有很多，最为人熟悉的就是《唐伯虎点秋香》了。这个故事曾经多次被改编成戏剧，并拍成电视剧及电影。这也可以看作是一种宣传活动，大大加深了唐伯虎在民间的形象。唐伯虎的绘画风格别具一格，擅长山水、人物、花鸟等多种题材。其书法也颇有造诣，诗文作品也广为流传。

人物风云

自从冯梦龙的《唐解元一笑姻缘》的小说问世之后，不少民间艺人对其进行大肆地渲染，这使得唐伯虎点秋香的故事在民间广为流传，让唐伯虎成了老百姓心目中风流倜傥、才华横溢的大才子。在很多民间传说中，都会把唐伯虎描写成腰缠万贯家财，身边妻妾成群，行为荒唐风流的大富豪。

其实，这只是为了增加趣味性而大大地歪曲了唐伯虎的本来面目。历史上的唐伯虎，不但没有传说中的那些风流韵事，而且生活过得十分清贫，坎坷磨难陪伴了他一生。要想了解这位"风流才子"的真实人生，我们还得从头说起。

随着一阵呱呱坠地的啼哭声，一个不平凡的小生命降生了，他就是日后享誉画坛的大才子唐伯虎。因为他出生在寅年寅时，所以，家人便为他取名为"寅"，又因为寅指的是虎，因此，取字伯虎，后来，改字为子畏。

他的父亲唐广德，是一家酒店的老板，所以，全家人的生活过得还算不错。

唐伯虎自幼聪明伶俐，能诗善画，十六岁便考中了秀才。正当他意气风发的时候，父亲因为突发中风而过世了，母亲也因为太过悲伤，没多久就随父亲去了，后来，他又惊闻自己的妹妹在夫家也因故去世了。这接二连三的打击，使他意志消沉，整日浑浑噩噩。后来，在其好友祝枝山、文徵明等人的鼓励下，他下定决心重拾古文，发愤苦读。

弘治年间，唐伯虎考中应天府（今江苏南京）乡试第一名——解元，一时间名声大振，他也自诩为"江南第一才子"。很可惜，好景不长，在第二年的会试中，唐伯虎由于受到科举舞弊案的牵连，吃了一连串冤枉官司，从此之后，科举无门，功名路算是彻底断了。

唐伯虎功名无望，婚姻也在此时出现了变故。他的原配夫人徐氏，贤良淑德，生有一子，后因难产而死。之后娶了他的第二位夫人何氏，何氏嫌贫爱富，非常势利。原本嫁给唐伯虎是因为其才华出众，家世也还说得过去。一心想着，唐伯虎能够金榜题名，青云直上，这样，夫贵妻荣，她也就可以享受荣华富贵了。

没想到，唐伯虎却因为科场舞弊的牵连，失去了进入仕途的希望。她心想：唐伯虎父母去世，家道中落也就算了，现在连功名仕途也没有希望了，那我跟着他岂不是要吃尽苦头。妻子越想越生气，天天与唐伯虎争吵。最终，两人劳燕分飞，妻子带着细软回娘家了。

后来，唐伯虎在一家青楼中认识了官妓沈九娘。沈九娘十分敬重这位才子，为了使唐伯虎能够有一个良好的绘画环境，她把自己的梳妆阁收拾干净，好让唐伯虎静心作画。唐伯虎每每作画的时候，九娘都会陪伴在他身边，为他洗砚、调色、铺纸。唐伯虎有了九娘的悉心照顾，画艺愈见精深。他所画的美人图，大多是从九娘身上体会到的风姿神采。九娘见唐伯虎从来不把她当作官妓看待，就益发敬重他了。就这样，天长日久，两人产生了感情，结成了夫妻。两年之后，九娘为唐伯虎生了个女儿，取名桃笙。

后来，苏州发生水灾。唐伯虎以卖画为生，但是随着天灾的发生，他的生活也变得更加艰难，有时候甚至连日常所食之米都没有着落，一家人的生活只能依靠九娘苦心支撑着。由于操劳过度，九娘病倒了。唐伯虎急忙为九娘请来医生，而医生诊断之后却告诉唐伯虎，九娘已经病入膏肓了。唐伯虎尽心尽力服侍九娘，再也无心吟诗作画。正德七年（1512）冬至前，九娘紧紧地握着唐伯虎的手，说道："承蒙你不嫌弃我，娶我作你的妻子，我本想尽心尽力打理好家务，让你专心于诗画，成为一代大家。然而，我命薄，无福，无寿更无能。现在，我快要死了，我只希望你日后能够照顾好自己。"听了这番话，唐伯虎不禁泪如雨下。沈九娘死后，唐伯虎再也没有继娶其他妻室。

科举失败，婚姻不幸，给了唐伯虎极大的打击。从此，他便漫游大江南北，访遍各地的名山大川，潜心于书画创作，最后，成为一代大家，取得了极高的艺术成就。

在苏州的大街小巷流传着唐伯虎很多故事。据说，唐伯虎的一位好友，向唐伯虎索得一幅画，画的是一竿清竹迎风而立，在这竿清竹之上趴着一只栩栩如生的"纺织娘"。这个人回到家之后，便把这幅画挂在了房间里。到了半夜，这个人在睡梦中被"纺织娘"的阵阵叫声给吵醒了。于是，他从床上爬起来，提着灯到处寻找，最后却发现了一只不停鸣叫的"纺织娘"，竟然就是唐伯虎画中的那只。

还有一次，唐伯虎为一位好友的扇子画了三只河虾，这位朋友爱不释手。一天，这位好友乘船去游玩，一不小心将那把扇子掉到了河里，没想到扇子上的三只虾竟然活了，一起跳到河里游走了。这些传说虽然都是假的，但却形象而传神地描述了唐伯虎高超的画技。

艰难坎坷的生活，造就了唐伯虎桀骜不驯、蔑视权贵的性格。他曾经在一首诗中写道："但愿老死花酒间，不愿鞠躬车马前。车尘马足富者趣，酒盏花枝贫者缘。"这充分地反映了他宁愿贫穷度日，也不愿意阿附权贵的高洁品性。他的穷困生活也曾经在另一首诗中有所表现："立锥莫笑无余地，万里江山笔下生"，这表现了他生活窘迫得几乎没有立锥之地了。此外，他还在另一首诗中直截了当地道出了其苦楚的生活状况："青山白发老痴顽，笔砚生涯苦食艰！"

嘉靖三年（1524），54 岁的唐伯虎在贫困与疾病的痛苦中离开了人世。如今，在苏州桃花坞唐伯虎住宅遗址附近，还有一个名为"唐寅坟"的小巷。

文武兼备的施耐庵

人物名片

施耐庵（约 1296—约 1370），字肇端，号子安，别号耐庵。元末明初著名的文学家。他的祖籍在泰州海陵县或者苏州吴县阊门，也就是今天的江苏苏州，此外，也有人说他是钱塘人，即今天的浙江杭州人。施耐庵才华横溢，学富五车，博古通今。35 岁那年，他曾经考中进士，后来，弃官还乡，开始闭门著述，他搜集并整理了很多梁山宋江等英雄人物的故事，最后写出了中国"四大名著"之一的《水浒传》。关于他的生平，由于缺乏史料而众说纷纭，甚至到底有没有这个人也存在争议。他的故里江苏兴化新垛乡施家桥村有墓园与纪念馆，还有《施氏家薄谱》保存至今。

人物风云

施耐庵，祖籍在江苏泰州海陵县，出生于江苏兴化。他是元末明初著名的作家、文学家，有一个同样名声赫赫的徒弟——罗贯中。

施耐庵自幼聪明伶俐，喜欢学习。延祐元年（1314），他考中了秀才。泰定元年（1323），他又考中了举人，至顺二年（1331），他又考中进士，仕途很是顺利。然而，好景不长，在他担任钱塘县尹的时候，由于替穷人辩冤纠枉而遭到了县官的训斥。他不满官场的黑暗，就辞官回家了。

至正十三年（1353），白驹场的盐民张士诚等十八名壮士率众多壮丁举起了起义反元的大旗。张士诚敬慕施耐庵的文韬武略，再三邀请他作为自己的军幕。而当时的施耐庵心中也有建造"王道乐所"的远大抱负，便接受了张士诚的邀请，前去助他一臂之力。施耐庵曾经为张士诚献了很多攻城夺地的计策，并取得过很好的效果。但是，张士诚在取得一些成果之后，就开始居功自傲，独断专行，亲信奸佞小人，疏远忠臣良将，施耐庵曾几次劝谏，但张士诚都不听。于是，施耐庵愤然离开了，在临走的时候，他作了《秋江送别》套曲赠予同在张士诚幕下的鲁渊、刘亮等人。从此之后，施耐庵开始浪迹江湖，替人医治疾病，解决疑难。

施耐庵不但是一名小说家，而且还是一位武艺高强、见义勇为的好汉。

有一天，施耐庵到一座茶山游玩，正好碰上一个流氓正在抢夺老农的茶园，他非常气愤地上前去阻止。这时，那个流氓见来人理直气壮、气势汹汹，只好偷偷地溜走了。但是，流氓心里很不服气，打听到施耐庵的住处之后，便花钱雇了一帮打手，围住施耐庵的居所，想要把施耐庵揍一顿。施耐庵看到这个情景之后，只是微微地冷笑几声，便镇定自若地迈出了门。打手们见他一个人且赤手空拳，便一哄而上。其中，一个黑脸大汉，手举一根铁棒挟着风声就朝施耐庵的头顶劈来。而施耐庵只是侧身摆头，一个"顺风扯旗"便避开了棒锋，然后，他双手抓住铁棒，同时飞起右脚，正好踢在那个大汉的小腹上，那家伙便滚出一丈多远。施耐庵舞起从大汉手中夺来的铁棒，一阵旋风般的横扫，把那帮家伙吓得逃走了。

后来，施耐庵来到了江阴祝塘，在财主徐骐家中坐馆，除了教书之外，他还与自己的徒弟罗贯中一起研究《三国演义》《三遂平妖传》的创作，搜集并整理了很多北宋末年以宋江为首的一百零八个好汉在水泊梁山起义的故事，为撰写《江湖豪客传》准备一些素材。至正二十七年（1367），朱元璋消灭张士诚之后，开始到处侦查张士诚的属下。为了避免惹来不必要的麻烦，施耐庵在征求兴化好友顾逖的意见之后，便在白驹上修建了一座房屋，从此开始了隐居生活，全心全意地投入《江湖豪客传》的创作中。当《江湖豪客传》成书之后，被定名为《水浒传》。

之后，施耐庵为了躲避明朝的征召，潜居于淮安，后感染疾病而死。在施耐庵死后数年，他的孙子将其骨葬于白驹西落湖，也就是今江苏省兴化市新垛镇施家桥，并且请王道生为其作《施耐庵墓志》。

嘉靖十九年（1540），高儒的《百川书志》中记载："《忠义水浒传》100卷，钱塘施耐庵的本，罗贯中编次。"嘉靖四十五年（1566），郎瑛在《七修类稿》中说道："此书为'钱塘施耐庵的本'。"万历年间，胡应麟在《少室山房笔丛》中指出："武林施某所编水浒传，特为盛行。"现在，人们一致认为施耐庵是《水浒传》的作者。这部著名的巨作至今还在代代流传！

"章回小说的鼻祖"罗贯中

人物名片

罗贯中（约1330—约1400），名本，字贯中，号湖海散人，山西太原人。元末明初著名的小说家、戏曲家，是中国章回小说的鼻祖。罗贯中有很多著作，主要包括：剧本《赵太祖龙虎风云会》《忠正孝子连环谏》《三平章死哭蜚虎子》；小说《隋唐两朝志传》《残唐五代史演义》《三遂平妖传》《粉妆楼》《三国演义》等。

人物风云

在现代人的眼中，罗贯中是一位著名的小说家、戏曲家。但是，这样的身份在当时却被人们瞧不起，正史不可能为他写经作传。唯一可以看到的是明代一位无名氏所编著的一本不太可靠的小册子《录鬼簿续编》中写道："罗贯中，太原人，号湖海散人。与人寡合，乐府隐语，极为清新。与余为忘年交，遭时多故，天各一方。至正甲辰复会，别来又六十余年，竟不知其所终。"

元代中期，因为灭宋战争的创伤正在逐渐地平息，社会的经济、文化重心也开始由北方向南方转移。而南宋的故都——杭州，不但发展成了一个人口密集、商业发达的繁华城市，也成为戏剧演出与"说话"艺术发展的中心。所以，有很多北方的知识分子、"书会才人"，比如，关汉卿、郑光祖等人，都先后搬迁到了杭州一带。而身为小说家兼杂剧作家的罗贯中，自然也会受到这一社会潮流的影响，成为南迁作家中的一员。罗贯中有个称号为"湖海散人"，其寓意为漫游江湖、浪迹天涯。约在公元1345年至公元1355年间，他也搬到了杭州。很多说话艺人与杂剧作家都在这里活动，罗贯中与其中志同道合的几个人结成了朋友。再加上他非常喜爱民间文学，到了这里，就不愿意离开了。

大约在公元1360年至公元1364年间，"有志图王"的罗贯中去因起事而称霸的张士诚处作客。然而，张士诚一点儿都不重视知识分子，也不愿意听取他们的意见。至正二十三年，也就是公元1363年的九月，刘亮、鲁渊等人在失望中纷纷离开了张士诚。没过多久，罗贯中也离开了张士诚，再次北上，到至正二十六年（1366），罗贯中又回到了杭州。这个时候，他已经五十多岁了，对于历史与人生都有了非常成熟的看法，具备了创作《三国志通俗演义》的各种条件。到明太祖洪武三年，即公元1370年，罗贯中已经完成了十二卷，之后的卷数，都是在洪武四年（1371）以后完成的。

在罗贯中创作《三国志通俗演义》期间，他的老师施耐庵从苏州迁移到兴化，后于洪武三年（1370）逝世。为了报答这位给了他很大帮助的老师，罗贯中在完成《三国志通俗演义》之后，决定对施耐庵的《水浒传》进行加工与增补。最终，于洪武四年至十年之间完成此书。罗贯中在加工、增补《水浒传》的同时，还继续创作了有关历史演义的一系列作品。

罗贯中完成这些作品之后，已经六十多岁了。为了让这些作品能顺利出版，他于洪武十三年（1380）左右，亲自从杭州来到了福建，因为当时福建的建阳是出版业的中心之一。然而，可惜的是，因为种种原因，罗贯中的这一目的最终却没有实现。

罗贯中的创作并不拘泥于一方面，而是多方面的。他把历史与文学自然地结合在一起，在现实的描绘中，又充满了浪漫主义的传奇色彩。罗贯中的《三国志通俗演义》，现存的最早的版本为嘉靖本，最为流行的版本是清代毛纶、毛宗岗父子的修改本。除了小说创作之外，贾仲明《录鬼簿续编》还评价他说"乐府隐语，极为清新"。他的现存的戏曲作品有《宋太祖龙虎风云会》杂剧。这本杂剧的基本思想与《三国志通俗演义》有很大相似之处，生动地描写君臣之间的关系，并且，希望通过"正三纲、谨五常"来结束奸雄争霸造成的悲惨局面。

大约在公元1400年，罗贯中在宋代民族英雄文天祥的故里庐陵（今江西吉安）逝世，享年七十岁。

创作传奇故事的吴承恩

人物名片

吴承恩（约1500—约1582），字汝忠，号射阳山人，淮安府山阳县人，也就是今天的江苏省淮安市人。明代著名的小说家，是四大名著之一——《西游记》的作者。在他的故里江苏淮安东南马甸乡二堡村，有为其修葺一新的墓园，淮安市有其纪念馆。

人物风云

吴承恩，字汝忠，号射阳山人，淮安府山阳县人。其祖籍位于安徽桐城高甸，即今天的枞阳县雨坛乡高甸。由于他的祖先聚居在枞阳高甸，因此被认为称为高甸吴氏。

吴承恩出生于一个小商人家族中，家境贫寒。他的父亲名叫吴锐，字廷器，依靠卖"彩缕文羯"为生，是一个"又好谭时政，竟有所不平，辄抚几愤惋，意气郁郁"的人。父亲是商人，十分希望儿子能考取功名，便为他取名承恩，字汝忠，意思是希望他能够读书做官，上承皇恩，下泽黎民，做一个青史留名的好官。吴承恩自幼聪明伶俐，喜欢诵读野言稗史、志怪小说，"尝爱唐人如牛奇章、段柯古辈所著传记，善模写物情，每欲作一书对之""髫龄，即以文鸣于淮"，因此，颇得官府、名流以及乡绅的赏识。

嘉靖八年（1529），吴承恩到淮安知府葛木创办的龙溪书院读书，得到了葛木的赏识。但是，他科考一直不顺利，直到嘉靖二十九年（1550），他才补得一个"岁贡生"，到北京等待分配官职，最终也没有被选上。六年之后，因为母亲年迈，家庭贫寒，他就去了浙江担任长兴县丞，常常与友人朱日藩饮酒作诗，与嘉靖状元沈坤、诗人徐中行有往来。后来，因为受到他人的诬告，两年之后回乡归隐，晚年以卖文为生，约万历十年（1582）去世。

吴承恩从小就十分喜欢诵读野言稗史，对那些古代神话与民间传说非常熟悉。这些都为他日后写《西游记》打下了良好的基础。后来，科场的失意，生活的困顿，使他深刻地认识到了封建科举制度的弊端以及现实生活的黑暗，让他对这个社会感到厌恶，迫切地需要以一种合适的方式发泄一下。最终，他选择运用志怪小说的形式，来表达自己内心的不满与愤懑。他曾经自己说道："虽然吾书名为志怪，盖不专明鬼，实记人间变异，亦微有鉴戒寓焉。"吴承恩还曾经写过一部名为《禹鼎志》的短篇小说集。可惜的是，它已经失传了，现在只能看到一篇自序。

《西游记》的作者到底是不是吴承恩，学术界一直存在着很大的争议，有一些学者认为《西游记》的作者并不是吴承恩，而是明嘉靖的"青词宰相"——李春芳。但是，现在大多数人认为吴承恩就是《西游记》的作者，所以，姑且在这里将《西游记》划入吴承恩的名下。

吴承恩的长篇神魔小说——《西游记》，以唐朝和尚玄奘法师到西天取经的经历为蓝本，在《大唐西域记》《大慈恩寺三藏法师传》等作品的基础上，经过细心整理、巧妙构思而写成的。这部作品借助神话人物来抒发作者对现实的极度不满以及迫切想要改变现实的愿望，鲜明地反映出了作者渴望建立一个"君贤神明"的王道之国的政治理想。在小说中，唐僧师徒在取经的路上所经历的九九八十一难，就是现实社会中种种情况的样本。小说想象大胆，构思新奇，在人物塑造上采用人、神、兽三位一体的塑造方法，创造出一些不朽的艺术形象，比如孙悟空、猪八戒、沙僧等。整本书组织严密，繁而不乱，语言活泼生动并且夹杂着很多方言俗语，充满了生活气息。从主题上来看，该小说冲淡了故事中原有的宗教色彩，在很大程度上丰富了作品的现实内容，具有民主倾向与时代特点。这部作品的讽刺性和幽默感十足，与以往的取经故事有着明显的区别，展现了作者自己独特的风格。

《西游记》，这种新形式小说的出现，开辟了神魔长篇章回小说的新门类，书中将善意的嘲笑、辛辣的讽刺以及严肃的批判巧妙地结合在一起，对讽刺小说的发展产生了很大的影响。《西游记》是古代长篇浪漫主义小说的高峰，在世界文学史上，它也属于浪漫主义的典范之作。《美国大百科全书》评论它是"一部具有丰富内容和光辉思想的神话小说"，《法国大百科全书》中说它："全书故事的描写充满幽默和风趣，给读者以浓厚的兴味。"从19世纪开始，它被翻译为日、英、法、德、俄等十多种文字，在世界各地流传，得到了全世界人民的喜爱。

"东方莎士比亚"汤显祖

人物名片

汤显祖（1550—1616），字义仍，号海若、若士、清远道人，江西临川人。明代著名的戏曲家、文学家。万历十一年（1583）高中进士，曾任太常寺博士、礼部主事，后因弹劾申时行，被皇帝忌惮，降为广东徐闻典史，后又调任浙江遂昌知县，因不附权贵被免官，自此未再出仕。曾经跟随罗汝芳读书，后又受李贽思想熏陶。汤显祖对戏曲创作颇感兴趣，他反对拟古和拘泥于格律。成名作是传奇《牡丹亭》，后来又写了《邯郸记》《南柯记》《紫钗记》，这四部合称为"玉茗堂四梦"或"临川四梦"，其中以《牡丹亭》最为著名。在戏曲史上，汤显祖和关汉卿、王实甫齐名，在中国乃至世界文学史上都有着重要的地位，被誉为"东方的莎士比亚"。

人物风云

汤显祖，从小就喜欢读书，文学素养很高，学识广博。很早就有文名，但是由于当时科举制度腐败，考试成了上层统治集团徇私舞弊的工具，而汤显祖生性耿直，淡泊名利，更重要的是他厌恶官场上的阿谀奉承，官僚们的丑恶嘴脸，不愿寄身官场与权贵交往，所以一直至34岁的时候才中进士。高中不久，朝廷便下旨要他到南京任太常寺博士一职，在位期间，汤显祖与东林党首领的关系很是密切，在数次接触之中，汤显祖对左派王学的思想产生了浓厚的兴趣，而汤显祖在政治上却屡屡受挫。万历十九年（1591）的时候，汤显祖因为不满朝政，执意上疏抨击权贵，遭到权臣的忌惮，被贬到雷州半岛的徐闻县做了一个小小的典史，后来又迁到浙江遂昌做知县。在接连被贬的这一段时间里，他深切感受到了人民的痛苦，这就更加坚定了他反抗黑暗现实的决心，这种愤世嫉俗的态度为他以后的创作奠定了基础。万历二十六年（1598），汤显祖决意辞官回乡，从此不再出仕，专心著述。汤显祖的一生写了很多作品，除了《红泉逸草》《问棘邮草》等诗文集之外，逝世之后，汤显祖的《玉茗堂集》也被正式刊行。汤显祖的主要著作有《紫钗记》《牡丹亭》《南柯记》《邯郸记》四部，合称"临川四梦"或"玉茗堂四梦"。

"临川四梦"中的《紫钗记》是最早进行创作的，大约著成于万历十五年（1587），《紫钗记》是汤显祖根据《紫箫记》改编而成。《紫箫记》的创作虽算不上成功，整部戏剧的剧情毫无波澜，平铺直叙，毫无悬念可言，与当时流行的才子佳人戏一样没有吸引人眼球的东西，更没有什么新的内容，曲文更是辞藻堆砌、庸俗不堪。但是在《紫钗记》这部剧中，汤显祖以紫玉钗作为串联全剧的一根线，用大量的语言描述了卢太尉的专横行径，李十郎的软弱性情，和霍小玉的悲剧命运，这几个人物的出场大大加深了剧本的现实意义。霍小玉楚楚动人，她不畏权势，努力追求属于自己的幸福，对爱情更是忠贞不渝，敢于一掷千金，拒绝攀附富贵高门。汤显祖塑造霍小玉这个形象，也为日后塑造杜丽娘的形象作了准备。

继《紫钗记》之后，《牡丹亭》横空出世。《牡丹亭》又被叫作《还魂记》或者《牡丹亭梦》。万历二十六年（1598），汤显祖曾为这部作品的刊行撰写了自序。《牡丹亭》可以说是汤显祖步入中年时，思想与艺术都几近成熟的一部作品。《牡丹亭》是"临川四梦"四部作品中成就最高、影响最大的一本书。汤显祖自称"一生四梦，得意处惟在牡丹"，该作品充分展现了汤显祖的艺术才华。

《牡丹亭》通过对杜丽娘为情而死、因情而生的深刻描写，深刻揭露出封建社会礼教的残酷，鞭挞了程朱理学"存天理、灭人欲"的丑恶虚伪，反映了中国资本主义萌芽时期的少男少女对自由爱情的渴望以及对个性解放的强烈愿望，也歌颂了他们为了追求自己的爱情，实现自己的愿望而进行不屈不挠斗争的精神。杜丽娘温婉可人的艺术形象在剧中被塑造得淋漓尽致。"惊梦""寻梦""冥誓"等一系列情节显示了杜十娘热爱生活、追求自由、执着爱情，不畏权贵、勇于反抗的鲜明个性。汤显祖用饱含同情的文笔把一个从小被封建礼教束缚的叛逆者的形象，呈现在大家面前。《牡丹亭》的文辞运用巧妙、贴切、自然。汤显祖在写这部剧的时候，尽量减少骈文的运用，采用了很多近乎白话的语句，无形中增加了这部剧的感染力。

《南柯记》与《邯郸记》都是汤显祖晚年时期的作品，因为晚年的汤显祖的意志相对消沉，这种情绪同样体现在了作品中，《南柯记》和《邯郸记》这两部剧都或多或少流露出了消极的处世思想。这两部剧虽然也在以不同的程度鞭挞了现实社会的丑恶与黑暗，但是这两部剧有一个共同局限，就是汤显祖在对现实进行大量揭露和抨击的同时，也在言语之中暗示出逃避现实的处世态度。同《紫钗记》与《牡丹亭》相较，《南柯记》与《邯郸记》曲词直白了许多，但更具讽刺性。

汤显祖成就了一个时代的经典，而"临川四梦"更是为明代戏剧创作走上高峰起到了不容忽视的作用，它上承元杂剧，下启清传奇，是我国古代戏剧发展的一个重要里程碑。

哲学大家王夫之

人物名片

王夫之（1619—1692），字而农，号姜斋，湖南衡阳人。王夫之作为中国朴素唯物主义思想的集大成者，与黄宗羲、顾炎武合称为明末清初的三大著名思想家。王夫之晚年时期，为了更好地创作，实现自己的梦想，曾居住在南岳衡山下的一座名叫石船山的山峰上，所以后人称他"船山先生"。王夫之耗费毕生心血，著述甚丰，以《读通鉴论》《宋论》等作为自己的代表作。清末，曾国藩对王夫之的著作十分青睐，曾经在金陵大批刊刻《船山遗书》，曾国藩此举使得王夫之的著作为百姓熟知，在民间广为流传。近代湖湘文化的代表毛泽东、谭嗣同等人深受船山思想的熏陶，对王夫之的著作赞赏有加。王夫之主张经世致用，对程朱理学的思想进行了批判和反思，曾经自说："六经责我开生面，七尺从天乞活埋"。

人物风云

王夫之出生在封建社会末期，这一时期，资本主义经济开始萌芽，社会经济发生变动，社会生产力和科学水平不断提高，阶级和民族矛盾相互交错。在这样特殊的环境下，早期启蒙思想应运而生，早期思想主要以批判宋明道学为倾向。王夫之则成了新思潮的代表人物之一。出身于没落知识分子家庭的王夫之，自幼被传统文化束缚。年轻的时候，他一方面希望自己可以考中科举走入仕途，另一方面又担心时局动荡，于是与朋友组织了"行社""匡社"等社团，年轻气盛的一群年轻人慨然有匡世大志，立志救国。

王夫之的十一世祖王仲一曾经是跟随朱元璋起兵的一员大将。父亲王朝聘在国子监读书。明朝末年，王夫之在岳麓书院求学，跟随老师吴道行学习。崇祯十二年（1639）秋天，王夫之奔赴武昌参加乡试，落榜。崇祯十五年（1642）中乡举第五名，同年十二月，王夫之到南昌等待会试。正赶上李自成率领的农民军进入承天，张献忠叛变。会试延期，王夫之也由南昌返回衡阳。

崇祯十六年（1643），张献忠在衡州招贤纳士，他仰慕王夫之的才能，希望王夫之可以进入仕途，但是王夫之拒不受聘，隐匿衡山。崇祯十七年（1644），大顺军队攻占北京，崇祯皇帝自缢身亡，王夫之听闻后写了一首《悲愤诗》，情感油然而生，泪湿衣襟。清军入关之后，王夫之上书明朝湖北巡抚，主张联合农民军一同抵抗清军，更有胜算，然而未被采纳。顺治四年（1647），清军攻陷衡阳，王夫之的两个兄长、叔父、父亲都不幸遇难，王夫之悲痛万分。第二年，王夫之与朋友管嗣裘等人在衡山起兵抗清,不幸落败,仓皇逃往南明,在南明结识了瞿式耜、金堡、方以智等人,后来永历政权任命王夫之为行人司行人介子。王夫之为了弹劾权奸王化澄,险遭残害,幸被农民军领袖高一功所救,才能逃过一劫,保全性命。

顺治七年,朝廷内部矛盾加深,深陷党争之乱,吴党势力强大,楚党陷入危难,为了营救楚党,王夫之联合董云骧上皇帝,告诫皇帝不要受奸人的蛊惑,残害忠良。永历帝听后,龙颜大怒,以王夫之"职非言官"的罪名,严加指责。同年七月,王夫之奔赴桂林投奔瞿式耜。顺治九年(1652),李定国率领农民军攻占衡阳,请王夫之出山,为他效力,王夫之考虑到孙可望把持永历朝政,犹豫不决,最终未去。从此以后,王夫之便隐居于湘南一带,过了将近3年颠沛流离的生活。为了躲避世间的纷争,曾改名换姓,居住在荒山破庙,后来到常宁西庄源,做了一名教书先生。多年的艰苦生活,也使得王夫之有机会与贫苦老百姓有了更深的接触,了解民间疾苦,这也促成了他总结明亡教训的决心和毅力,从此发奋著述,接连写了《周易外传》《老子衍》两部哲学巨著,还完成了政论著作《黄书》。后半生,王夫之在荒僻的石船山麓隐居,虽然条件艰苦,但是他坚持学术研究的决心从来没有动摇,在这里王夫之写出了许多著作。

顺治十七年(1660)春,王夫之全家迁到衡阳金兰乡高节里茱萸塘的一间茅屋居住,名叫"败叶庐"。康熙三年(1665),王夫之在"败叶庐"设馆讲学。之后又重新修订了《读四书大全说》。康熙十四年(1675)秋,王夫之在衡山石船山麓的茅屋,名为"湘西草堂"里隐居著述。

晚年的王夫之贫病交迫,甚至连纸笔都要依赖朋友周济。吴三桂称帝之初,有意请王夫之写一篇《劝进表》以表天下,遭到王夫之的严词拒绝。71岁时王夫之自题墓石,表白自己的政治抱负及学风。康熙三十一年(1692),王夫之逝世。

文学大家归有光

人物名片

归有光（1507—1571），字熙甫，号震川，又号项脊生，江苏昆山人。明代著名的散文家。嘉靖十九年（1540）中举人，次年会试落榜后徙居嘉定安亭江上，开始了读书谈道的生活，归有光学徒众多，人称"震川先生"。后又七赴春闱，皆不第。嘉靖四十四年（1565），年近六十岁的归有光才高中进士。曾任长兴知县、顺德通判、南京太仆寺丞，内阁制敕房等职，参与编修《世宗实录》。归有光同唐顺之、王慎中合称为嘉靖三大家。因为归有光在散文创作方面的造诣深厚，被称为"今之欧阳修"，后人亦称赞他的散文为"明文第一"。归有光一生创作的作品数量较多，有《震川先生集》《三吴水利录》等。

人物风云

归有光出生在一个日渐衰败的大族家庭，八岁的时候，母亲撒手人寰，而归有光的父亲仅仅是一个穷县学生，家境败落。也正是在这样的环境中，年幼的归有光过早地懂得了人间的忧难，奋发攻读，希望有一天可以高中，造福黎民百姓。归有光从小聪明过人，九岁成文，十岁的时候就写了千余言的《乞醯论》，十一二岁时就"已慨然有志古人"，十四岁应考童子试，二十岁名居榜首，以苏州府学生员的名义，到南京去参加乡试。归有光可以说是"弱冠尽通六经、三史、大家之文"，对举业信心十足的他却不幸在乡试中连连落第，五次南京考试，均榜上无名，其间惨淡经营，寒窗十余载。但他没有放弃，三十五岁的时候以第二名中举。此时，归有光对于三代两汉之文，诸子百家之书早已经融会贯通，上自九经二十一史，下至农圃医卜之属，无所不博。当时被世人誉为"昆山三绝"的其中一绝就是归有光的古文。

归有光在乡试高中的同年，雇了辆车马，日夜兼程北上，准备参加第二年的礼部会试。谁会想到这次会试竟名落孙山。南下回乡之后，他居住在嘉定安亭江上，从此便开始了读书应试、谈道讲学的生活。归有光的家境贫困，家里的一切生计都要靠妻子王氏维持。居住在安亭的这段时间，王氏开垦了四十多亩田地，监督僮奴垦荒，利用牛车灌水，用收获的米粮供全家和归有光的弟子们吃食。妻子贤良能干，解除了归有光的后顾之忧，让归有光可以更加专心于自己的事业。归有光学识渊博，纵论文史，谈经论道，众多学生慕名而来，一时间就已经弟子满门，归有光的声望越来越大，人们尊称归有光为"震川先生"。震川先生扬名四海，连恃才倨傲的徐文长对归有光也青睐有加。一天，礼部侍郎诸大绶回到老家之后邀请徐文长到家里吃饭。可是从黄昏等到深夜，徐文长才姗姗来迟。问其缘由，原来是徐文长避雨时，偶然在避雨人家处看到了归有光的文章，不禁反复诵读，不忍离去，因而来迟。诸大绶也很欣赏归有光的才华，命随从把归有光的文章拿过来，与徐文长一同欣赏，两个人张灯快读，相对叹赏，通宵达旦，乐此不疲。

然而，归有光的命运多舛，三年一次的应试，每每远涉千里进京，可是一连八次，次次落第而归。归有光仕途蹭蹬，而时间也把这位名扬四海的古文大家抛弃在了荒江僻壤之上。再加上失子丧妻的伤痛，更加重了其生活的艰难。坎坷的生活环境，也磨炼了归有光的深沉坚毅、不畏权势与厄运的顽强性格。

明代科举舞弊之气甚盛，宗师、官僚的提携是进入仕途的重要捷径。归有光因为久困场屋，对于科考的内幕十分明了。可是，他却坚决不利用这种可耻的行径跻身仕途。穆宗即位之后，宦官掌权，生性耿直、不畏权贵的归有光看到了朝廷的腐败，心灰意冷，决定坚持自己的文学创作，不再进入仕途。

归有光的同乡王世贞的仕途之路比归有光顺利得多。王世贞从二十二岁进士及第之后，官运亨通，步步高升，官至南京刑部尚书，以雄才博学著称，在文坛可谓是风光无限。而归有光，虽然已经颇有声名，但毕竟只是个身处穷乡僻壤的乡巴佬。但也就是这样一个身处乡间的穷儒生，竟敢同不可一世的王世贞相抗衡。归有光批判王世贞，还为此写了《项思尧文集序》一文，言辞十分激烈，铿锵有力。归有光还公开讽刺王世贞是"妄庸巨子"，王世贞听到后愤怒不已，对归有光怀恨在心。直到晚年，王世贞完全改变了对归有光的看法，不仅给归有光的古文很高的评价，同时表达了自己"迟暮自悔"之情。

归有光作为一代名家，他用自身的理论和创作实践使众人为之叹服，其中也包括他的对手王世贞。